中国技术寻求型对外直接投资的技术进步效应研究

A Study on the Technology Advancement Effect of TSFDI of China

吕　宁／著

经济管理出版社
ECONOMY & MANAGEMENT PUBLISHING HOUSE

图书在版编目（CIP）数据

中国技术寻求型对外直接投资的技术进步效应研究/吕宁著．—北京：经济管理出版社，2021.2

ISBN 978－7－5096－7808－4

Ⅰ.①中…　Ⅱ.①吕…　Ⅲ.①对外投资—直接投资—研究—中国　Ⅳ.①F832.6

中国版本图书馆 CIP 数据核字（2021）第 038428 号

组稿编辑：王　洋
责任编辑：王　洋
责任印制：赵亚荣
责任校对：王淑卿

出版发行：经济管理出版社
（北京市海淀区北蜂窝 8 号中雅大厦 A 座 11 层　100038）
网　　址：www. E－mp. com. cn
电　　话：（010）51915602
印　　刷：唐山玺诚印务有限公司
经　　销：新华书店
开　　本：720mm×1000mm/16
印　　张：11
字　　数：123 千字
版　　次：2021 年 3 月第 1 版　　2021 年 3 月第 1 次印刷
书　　号：ISBN 978－7－5096－7808－4
定　　价：88.00 元

前　言

20 世纪 90 年代以来，中国的一些企业开始到发达国家进行直接投资，研究表明很多投资带有明显的技术寻求目的。如何更好地发挥技术寻求型对外直接投资对于促进技术进步的作用日益受到了人们的广泛关注。尤其是在经济新常态下，其对于经济增长方式的改变和经济结构的升级应该发挥更大的作用。

目前，关于技术寻求型对外直接投资的理论研究也取得了一定的发展，但是还存在一些问题和不足。本书为了解决一些理论和实际问题而进行了下述内容的研究。

本书对技术寻求型对外直接投资和技术溢出的概念进行了界定，并在此基础上根据对外直接投资主体结构标准、目的地结构标准、行业标准和进入方式标准对技术寻求型对外直接投资的外延进行了初步界定，同时根据这些界定对中国技术寻求型对外直接投资的发展历程和现状进行了梳理和分析，明确中国现阶段推进技术寻求型对外直接投资的必要性和现实的紧迫性。

本书通过运用博弈模型从技术溢出方和接受方两个视角分析了

技术寻求型对外直接投资的动机和行为模式，提出了技术溢出乘数的概念，并且考察了政府在逆向技术溢出过程中的作用，结果表明，政府的支持能够对技术寻求型对外直接投资产生引致效应，并且对技术进步产生间接的带动作用。

本书着重分析了技术寻求型对外直接投资逆向技术溢出的作用机制问题，以国外技术获取和国内技术传播两个阶段为切入点，从企业、产业和国家三个层面展开深入分析，全面探析了中国技术寻求型对外直接投资逆向技术溢出的实现机制，并且提出了人力资本价值激励增值机制、行为观察技术猜测机制、时区差导致研发任务接力机制、文化碰撞激发机制、政府直接促成产学研合作机制等新概念。此外，本书以国际研发溢出回归模型为基础，采用时间序列数据和省际面板数据并以专利授权量为技术进步衡量指标具体考察了我国技术寻求型对外直接投资逆向技术溢出的全局和地域技术进步效应，结论支持技术寻求型对外直接投资有助于技术进步的理论观点。此外，还进一步考量了技术寻求型对外直接投资逆向技术溢出效应的影响因素，结果表明研发资源和教育状况是中国技术寻求型对外直接投资技术进步效应的国内影响因素，研发起正面作用，教育起负面作用，而市场化因素指标则经过实证分析被排除掉。

最后，本书依据上述结论提出了相关的政策建议以期更好地引导中国企业开展技术寻求型对外直接投资，充分释放逆向技术溢出效应，并以此来为国内经济转型和结构调整创造有利条件。

目　录

第一章　引　言

一、研究背景和研究意义

（一）研究背景

1. 经济全球化的背景

国际货币基金组织对全球化的定义是：全球化是通过贸易、资金流动、技术创新、信息网络和文化交流，使各国经济在世界范围内高度融合，各国经济通过各类商品和劳务的广泛输送、国际资金流动和技术跨国转移，形成相互依赖的关系。全球化不是新现象，而是从资本主义生产方式开始确立时就已出现的趋势。它经历了三个高速发展的时期。

第一个高速发展时期是工业革命所带来的 18 世纪末到 19 世纪中叶的经济全球化的快速发展时期。19 世纪后半期，发生了以电力和电动机的发明和广泛应用为标志的第二次科技革命，这促成了经济全球化的高潮。第三次全球化的高潮发生于20世纪80年代，至今仍方兴未艾。20世纪80年代以来的全球化高潮的主要原因：一是第三次科技革命的发生；二是跨国公司的迅速发展；三是市场经济体制在全球范围内的普遍确立；四是三大国际经济协调组织的作用。

目前经济全球化已从原来的“国际贸易时代”走向“国际生产时代”，不但国际直接投资规模庞大、增加迅猛，而且许多国际贸易都是由跨国公司主导的。跨国公司已经控制了国际贸易的60%，国际技术贸易的80%。生产全球化带来了研发全球化。由于研发越来越具有高投入、高风险和更新周期短的特征，因而世界各国和企业在强调自主研发的同时，也越来越重视科学技术的引进。研发的全球化还表现在各个国家和跨国公司的海外研发投入增加迅速。

一个国家的经济发展状况与其对全球化的参与程度之间有密切的联系。一般来说，积极参与经济全球化的国家经济发展较快，而且相对来说比较稳定。没有参与全球化或参与全球化程度较低的国家则状况往往相反。有学者根据1985～1995年10年间的资料进行了研究，结果表明，积极参与全球化的国家经济发展速度要比不参与全球化的国家快50%以上。一些发展中国家积极参与全球化，实行赶超战略，以图利用后发优势缩小与发达国家之间的经济差距，这就需要吸收和利用发达国家已有的成功经验和技术成果。事实上，一些国家和地区确实利用了经济全球化带来的有利条件，发挥后发优势实现了经济的快速发展和对一些先进国家的赶超，最为典型的是日本和韩国，他们成功的主要原因在于获得并使用了发达国家的大量先进技术。

2. 中国经济现状的背景

改革开放以来，中国经济取得了快速的增长。2014 年中国 GDP 总量为 10.4 万亿美元，增速为 7.4%，排在世界第二位。但是中国的增长方式是粗放式的，随着外部环境的变化和国内矛盾的堆积，这一方式所带来的种种弊病越来越明显，对经济持续增长和人民生活水平提高以及社会安定有着越来越多的不利作用。中国经常出现的种种短期宏观经济问题，除外部冲击外，基本上都是增长方式内在问题的外在表现。中国粗放式的增长方式主要通过低成本的出口和大规模的政府投资来驱动。消费本来就不占重要地位，加上目前出口和投资对经济增长的作用乏力，所以"三驾马车"都呈现动力不足的状态。究其原因，主要有以下三点：

第一，出口动力不足。出口带动增长乏力的主要原因是出口成本上升，一方面是由劳动力成本上升带来的，另一方面是由资源能源成本上升造成的。改革开放初期，由于经济中闲置了大量的劳动力和自然资源，确实具有低成本的优势。经过一段时间的发展后，成本上升还可以人为压低。但是发展到现阶段，总体上说人均收入达到上中等水平，加上社会保障和社会福利要求提高等因素使劳动力成本低的优势基本消失了。

现阶段导致中国国内生产成本和出口成本升高的另一原因是中国资源和能源成本不断提高。作为世界工厂，中国国内的生产还要满足世界市场的需要，提供世界需要的产品应该由世界来提供资源。中国又是一个矿产资源较为贫乏的国家。人均矿产储量潜在总值为 1.51 万美元，只有世界平均水平的 58%，排世界第 53 位。中国当下每万美元 GDP 的能耗是美国的 2 ~ 3 倍、德国的 4 ~ 5 倍、日本的

8 倍左右，甚至是印度的 2.8 倍，所以必然导致中国资源对外依存度高。中国已经成为全球第一大资源消耗国，早在 2008 年中国消耗的原材料就多达 226 亿吨，几乎占全球消耗总量的 1/3，中国的资源消耗量是美国的 4 倍。2013 年，中国原油对外依存度达到 58%，中国天然气对外依存度达到 31.6%，成为全球第三大天然气消费国。中国还是世界上最大的煤炭进口国。2014 年，中国铁矿石的对外依存度提高到了 78.5%，是世界上最大的铁矿石进口国。中国由于对外资源、能源依存度高，并且没有大宗商品的定价权，往往是买什么什么就涨价，所以这一部分生产成本的提高难以避免。还有一些行业的行政性垄断也抬高了成本。总之，劳动力成本和资源成本上涨，加上外部市场环境恶化，中国以出口带动经济增长很难持续。

第二，投资动力不足。中国投资率在最近一些年里不断提升，目前固定资产投资额在 GDP 中所占比重已接近 50%，而多数国家固定资产投资额在 GDP 中所占比重仅为 20% 左右。在投资方面遇到的问题首先是政府投资的能力变弱，未来可投的有价值的项目在减少。政府这些投资的资金来源不少是土地财政的贡献，如果土地卖完了，那么土地财政就难以维持。而且经过多年的高投资积累，很多地方的基础设施建设已趋于饱和。此外，国企获得融资较容易，由于经营领域的特点和治理、管理问题，投资于需要创新精神的实体项目较少，这种投资较难为经济增长做出实质贡献。一些民营中小企业有创新意识、能力，也有合适的项目，但是中国金融市场不够发达，他们很难获得贷款。来自其他国家的跨国公司的投资也有减少的趋势，因为发达国家向中国应该转移的产业几乎都转移得差不多了。因此，投资很难继续发挥拉动经济增长的作用。

第三，居民私人消费动力不足。居民私人消费动力不足的主要表现是国内居民私人消费占比逐年下降。1978 年居民私人消费占 GDP 的比重为 49%，而到了 2009 年这一比重下降到了 37%，仅是一般国家的一半左右。主要原因是居民收入扭曲，其有两个表现形式：一是居民收入占比低，二是居民收入分配不均，两极分化较为严重。导致收入扭曲的原因分为长期、中期和短期三种。

长期原因如土地制度和户口制度，这两个制度从根源上影响了中国土地市场和劳动市场的发育。土地制度将农村的土地财富向城市进行不公正的转移，造成了城乡收入差距巨大。户口制度造成了城乡和地区居民发展机会不同进而使收入不公平。中期原因是过渡期间的现象，从计划经济到市场经济过渡的早期形成的一些问题延续下来，如资本报酬偏高和腐败问题。政府收入占比逐年提高是一个短期因素。2000 年，财政收入占 GDP 比重约为 13.5%，到 2012 年，该比重上升到 22.6%，年均增长约 0.75 个百分点。政府收入增加迅速的主要目标是通过控制更多的资源增强政府对宏观经济进行调控的能力，这当然也是由中国粗放式的经济增长方式决定的。加之社会保障体系覆盖面不广，保障程度不高，中国老百姓就增加了很多预防性储蓄，消费受到了挤压。

因此，在粗放式增长方式下，“三驾马车”已经都进入到了动力不足的阶段。唯一解决问题的办法在于转变经济发展方式，由粗放型转为集约型。转换的关键在于创新，尤其是制度创新和技术创新，而中国目前技术对经济增长的贡献率很低。江蕾、安慧霞、朱华（2007）对 1995 ~ 2005 年中国科技对经济增长贡献率进行了测算，结果为 17.5%。而主要发达国家的这一比率为 60% ~ 80%，中国这一指标大大低于主要发达国家。而技术寻求型对外直接投资是提高一国科技创新能力、促进技术进步的重要方式。

3. 中国经济现状背景下技术进步方式比较

开放经济条件下，取得技术进步的途径有多种，技术寻求型对外直接投资只是其中一种，其他方式还有自主研发、技术贸易、外国直接投资、国际货物贸易。同其他方式相比，技术寻求型对外直接投资有何优势呢？接下来将这几种方式的特点分析一下。

第一，自主研发。自主研发虽然很重要，但中国还不是科技强国，所以自主研发很难跳出技术边界的限制。就目前中国来说，企业家精神不足，缺乏自主研发的意识，存在意识限制。此外，预算限制也是另外一个重要因素，中国政府和企业的研发资金投入不足，尤其是企业的研发投入不足。科技成果转化也存在限制。中国科技成果转化机制不完善，即使有成果，但是也不容易转化成市场价值，知识产权状况堪忧。单纯的自主研发很难让中国完成技术赶超的目标。

第二，外国直接投资。技术是跨国公司进行海外投资的基础，是决定其竞争优势的关键。根据弗农的产品生命周期理论，跨国公司往往将核心研发和核心产品生产放在国内，对东道国转移的技术多数是处于产品生命周期第三阶段的标准化技术，东道国很难获得先进技术。在目前中国的“三资”企业中，平均研发费用仅占销售收入的0.4%，这表明跨国公司采取了对中国企业加紧控制技术溢出的措施。外资企业还通过就业、利润的挤出效应和研发资源的争夺，使中国的自主研发能力受到了削弱。

吴林海（2002）对我国苏锡常的三个较为有名的科技园区的外

商跨国企业进行了研究，结果发现：尽管在这些地区外国的跨国公司密集，但是只有企业，没有形成完整的产业链，导致外商直接投资的技术进步效应微弱，这是一种较为普遍的现象。因此，通过吸引外资来获得技术进步到了现阶段效果并不好。

第三，技术贸易。单纯由市场决定的技术贸易很难达到均衡状态，技术需求方很难通过外部市场购买到自己需要的技术。技术拥有方担心技术购买者会成为自己的竞争对手，还担心技术购买方由于保密不慎将技术外溢给更多的潜在竞争者。即使技术拥有方打算将技术进行转让，但是由于信息不对称，技术的供需双方很难对技术做出一个合理的定价。所以即使技术交易市场没有任何故意设置的障碍，中国企业都很难买到合适的技术。而且，很多发达国家对中国出口高技术及高技术产品实行严格的限制，比如美国。中国中长期科学和技术发展规划纲要（2006～2020 年）部署的 11 个重点领域的 68 项优先主题中，有 10 个重点领域的 40 项优先主题的相关研发重点受到美国高技术的出口限制；27 项前沿技术的相关研发重点，全部受到美国的出口限制；民用 13 个重大专项的相关研发重点，有 11 项受到美国的出口限制。

中国企业在引进技术后，往往会放弃原来的研发努力。中国每年固定资产投入中，40% 用于设备的投入，而这些投入中的 60% 用于进口国外的设备，而用于消化吸收的投入很少。即使标的技术被成功引入，也可能存在后续问题，有的是技术供给方故意设置的，有的是双方都没有预料到的。例如，引进技术中往往还有中国企业难以破解的隐性技术，即使国外技术供给方将中国企业所要求的技术资料完全转给中国企业，中国企业也往往由于难以破解隐性技术而使引进的技术和设备闲置。

第四，国际货物贸易。其对于技术进步的作用主要是通过对中间产品和资本品的进口而实现的，对于一些最终消费品的进口也能带来一些技术进步。但是一些技术含量高的资本品和中间产品也受到出口的限制。对于不存在出口限制的产品来说，由于技术和市场经验上的局限使中国进口商在进口旨在提高技术水平的资本品和中间产品时，不易达到理想效果。另外，在国内，人力资本等各方面的限制使逆向工程的操作不如在技术寻求型对外直接投资条件下可行。出口由于需求者的高要求，对技术进步也有促进作用，但是在目前粗放式增长方式下，其很难起到带动技术进步的作用。

第五，技术寻求型对外直接投资。技术地理空间的传播有距离限制，距离技术供给方越近，获得的技术就越多，越远则信息损失和信息失真越严重。因此，获得目标先进技术应该到该技术先进的国家和地区进行直接投资，通过进入其技术网络和价值链而获得技术溢出。

技术寻求型对外直接投资的最大优点在于其是一种主动的技术获取途径，它和技术贸易、外国直接投资、国际货物贸易都是通过和国外发生经济联系而获得技术，但是其他方式获得的技术都是由技术供给方经过筛选后提供的。技术寻求型对外直接投资可以接触到技术的最前沿，学习最前沿的技术，还能起到启示的作用，为国内研发提供方向。另外，技术寻求型对外直接投资还可以获得更先进的管理、营销、文化等方面的知识和影响，其他方式不能提供或者提供的不直接或程度不够。

4. 中国技术寻求型对外直接投资的发展概况

1979 年，中国开始了对外直接投资的历程。“走出去”战略提出来以后，对外直接投资获得了迅速的发展。2012 年和 2013 年中国连续两年成为世界三大对外投资国之一。“走出去”战略明确提出技术寻求是我国企业“走出去”的战略目标之一。

我国的技术寻求型对外直接投资最早发生于 20 世纪 80 年代末，主要投资者是一些国企，比如首钢。20 世纪 90 年代，一些民营企业也开始了进行技术寻求型对外直接投资，比如中兴和万向等。进入 21 世纪，我国的技术寻求型对外直接投资取得了较大的发展。2001 年海尔集团出资 800 万美元购买意大利的迈尼盖蒂电冰箱厂。2003 年 TCL 并购汤姆逊。2005 年联想收购 IBM 的 PC 业务。华为先后与 TI、摩托罗拉、英特尔、AT&T、ALTERA、SUN、微软等进行技术合作。多年以来，中兴通讯分别在美国、瑞典、印度和国内设立了 15 个研发中心。2014 年中国企业在技术寻求型对外直接投资上迈出了较大的步伐。央企的项目包括：1 月中石化休斯敦研究开发中心揭牌。2 月中国电建集团收购德国 TLT 公司。3 月东风入股标志雪铁龙集团。7 月国家电网公司收购意大利能源网。9 月中核集团英国代表处揭牌等。民企的项目包括：1 月联想宣布收购摩托罗拉，并收购国际商业机器公司低端服务器业务。8 月万达收购洛杉矶黄金地段以进军好莱坞文化产业。9 月华为收购英国物联网公司 Neul 和英国的 XMOS 公司。

中国对外直接投资经过四十几年的发展，具备了一定的规模和基础，中国政府和企业在支持和进行对外直接投资方面也具备了一定的经验和能力，而且充足的外汇储备使中国对外直接投资具备了大规模发展的条件，所以中国发展技术寻求型对外直接投资具有很大的提升空间。

5. 国际直接投资理论发展概况

随着国际直接投资的发展，出现了众多对国际直接投资进行研究的理论。1960 年，美国经济学家海默提出的垄断优势理论是最早的国际直接投资理论。之后，到 20 世纪 90 年代初，还相继出现了内部化理论、国际生产折衷理论、边际产业扩张理论、小规模技术理论、技术当地化理论、投资诱发要素组合理论等。这些理论基本是阐明发达国家和发展中国家如何利用优势进行对外直接投资的理论。20 世纪 90 年代后，出现了寻求优势的对外直接投资理论，认为发展中国家（或落后国家）向发达国家（先进国家）进行直接投资是为了寻求战略性资产，或者是为了寻求技术。

Kogut 和 Chang（1991）最先进行了技术寻求型对外直接投资的实证研究。他们发现，日本企业对美国的直接投资集中分布在 R&D 密集型产业，并倾向于采取合资方式，所以获取美国的逆向技术溢出已成为日本跨国公司对外直接投资的重要动因。这是国内外学者首次用实证方法检验 TSFDI 的存在和作用。Andrea Fosfury 和 Massimo Motta（1999）在 *Multinational Without Advantages* 中提出的技术单项扩散的双寡头古诺模型，通过分析技术寻求方和技术溢出方之间的博弈从而证实了技术寻求型对外直接投资的存在。冼国明和杨锐（1998）是国内较早地从理论上关注技术寻求型对外直接投资的学者，他们从动态技术累积和竞争策略两个角度阐明了发展中国家对发达国家进行技术寻求型对外直接投资的重要性。也有很多学者对中国技术寻求型对外直接投资国内技术进步效应和中国对外直接投资整体的国内技术进步效应进行了实证研究。

但是这些理论还存在一些不足，如运用古诺模型研究技术寻求

者和技术供给者之间的关系就不符合实际，机制研究存在问题，技术寻求型对外直接投资和中国对外直接投资整体的技术进步效应的实证结果也不一致。

（二）问题的提出

根据国际直接投资理论并结合我国的实际和外部市场环境，本书认为技术寻求型对外直接投资的相关理论还有很大的研究空间，很多相关的实际问题也需要探讨解决办法：第一，企业为什么要进行技术寻求型对外直接投资，能否通过模型来论证？第二，进行技术寻求型对外直接投资的企业能够获得技术溢出吗？技术领先者会把技术溢出给这些企业吗？第三，技术寻求型对外直接投资的企业获得逆向技术溢出的机制是什么？第四，我国技术寻求型对外直接投资对国内技术进步究竟有多大程度的影响？为什么会产生这样的影响？第五，当前的相关研究存在哪些问题并如何解决？第六，政府在技术寻求型对外直接投资中发挥了什么样的作用？其应该如何发挥作用？其政策是如何影响企业行为的？能否从理论上加以论证？第七，政府在技术寻求型对外直接投资上还需要做哪些政策和制度上的改变和建立？第八，中国企业应该采用何种方式才能更加有效地获得东道国先进技术并增强其自主创新能力？

（三）研究意义

1. 理论意义

对于技术寻求型对外直接投资的技术溢出的存在性和溢出程度以及对外直接投资的整体技术溢出效应国内外已有很多的研究成果。

有从理论上通过数理模型来论证技术寻求型对外直接投资动机和进行进程模拟的，如 Andrea Fosfury 和 Massimo Motta（1999）的 *Multinational Without Advantages* 从技术扩散的角度阐明技术落后厂商进行对外直接投资不是为了利用已有的优势，而是为了在地理上靠近先进厂商以分享技术扩散的好处。有从实证角度进行研究的，一般的结论是，经济较为发达的国家在向更为发达国家投资时，有明显的技术寻求目的，且能够获得较为明显的逆向技术溢出，如日本向美国投资（Kogut and Chang，1991），或者日本向欧洲投资（Yamawaki，1993），在很多情况下存在双向溢出。对一些发展中国家的研究多数情况下也支持逆向技术溢出效应①的存在。也有研究表明：一些国家对外直接投资逆向技术溢出的获得不明显，甚至影响系数为负。

关于中国对外直接投资逆向技术溢出的研究从 20 世纪 90 年代末以来，取得了很大的进展。但也存在一些不足，在理论研究和实证研究上都有所表现。理论研究方面，一些用于分析技术寻求型对外直接投资或者逆向技术溢出的数理模型的分析前提不严密；使用古诺模型来分析技术寻求型对外直接投资或者逆向技术溢出的研究不符合古诺模型的适用条件等。此外，对中国对外直接投资逆向技术溢出发生的机制还没有透彻的认识，其表现有：将国外获得技术机制和国内传播技术的机制混杂；将不同层次的机制放在并列的位置；将因果关系的机制构成因素认为是并列关系等。在实证研究方

① 这里的逆向技术溢出效应是广义的逆向技术溢出效应，和相关问题研究中的技术进步效应是同义语，在本文后面的内容中有详细的界定。并且在本文后面的内容中，多数情况下的逆向技术溢出效应和技术进步效应都是同义语。

面，多数认为技术寻求型对外直接投资逆向技术溢出对中国来说是存在的，有的研究认为影响较为明显，有的认为影响系数较小。个别研究不支持中国的对外直接投资存在逆向技术溢出，甚至认为它们对技术进步有负面作用。因此，对于中国技术寻求型对外直接投资逆向技术溢出效应和对外直接投资整体的逆向技术溢出效应的存在性和溢出程度没有一个基本统一的认识。因此，针对上述理论存在的问题，本书尝试在以下四个方面进行解决：

首先，本书对一些概念进行了梳理和重新界定，如对技术转移、技术传播和技术溢出的概念进行了重新界定；对技术溢出进行了广义和狭义的划分等。其次，本书还涉及了技术寻求型对外直接投资中的众多理论问题，建立了多个理论模型。例如，通过数理模型和博弈模型的建立分析了技术学习者和技术提供者的行为，从技术逆向溢出中的技术需求和供给两个方面来证明技术寻求型对外直接投资的存在。再次，在机制研究中，将逆向技术溢出机制分为国外获取和国内传播两个阶段，在每个阶段，又将机制分为企业、产业和国家三个层次的子机制进行进一步分析，也提出了一些新的机制概念。最后，从企业、国家两个层面对中国对外直接投资技术进步效应进行了实证。在实证中，对技术寻求型对外直接投资的目的选择提出了自己的见解；对计量实证中变量的选取也和先前有所不同。填补了一些漏洞，纠正了一些偏差，探索了一些新的研究领域，希望起到拾遗补阙和抛砖引玉的作用。

2. 实践意义

可以在一定程度上使企业对中国技术寻求型对外直接投资的相关问题有新的认识。帮助企业认识到进行技术寻求型对外直接投资有获得技术溢出的外部条件和实现机制。引导企业通过事实认识到中国从国家层面和企业层面都能通过技术寻求型对外直接投资获得技术溢出，这些认识能够增强企业进行技术寻求型对外直接投资的信心，还可为企业进行国际化战略决策、制定研发规划、进行对外直接投资动机类型选择、选择国外分支和子公司的建立方式、进行技术寻求型对外直接投资的具体操作提供参考。

3. 政策意义

一方面，希望从理论模型、机制、实证各方面增强政府对技术寻求型对外直接投资技术进步效应的理解，提高其重视程度，力争使其将技术寻求型对外直接投资作为一种常规的技术进步方式来看待和支持；另一方面，期待能够为政府在制定技术发展规划、对外经贸战略、对外直接投资支持政策、技术寻求型对外直接投资的支持政策提供参考。政府可以针对不同动机的对外直接投资制定不同的支持政策。由于技术寻求型对外直接投资是一种非优势利用型的对外直接投资，风险更大、成本投入也较高、投资前期可能回报并不大，但是获得的技术溢出传导回国内有较强的正的外部性，这就需要政府对技术寻求型对外直接投资给予更大力度的支持。

二、研究思路和研究方法

（一）研究思路

本书首先从世界直接投资和中国对外直接投资及世界和中国技

术寻求型对外直接投资发展的史实中归纳脉络，寻找规律；其次通过广泛地阅读国际直接投资理论和技术寻求型对外直接投资理论来为研究提供依据、支持、素材和灵感。本书的大致思路如下：首先，以国家整体、技术溢出方和技术寻求方为研究对象通过数理模型和博弈模型的建立，分别来论证技术溢出的存在以及技术寻求型对外直接投资的必要性、条件和动因；其次，系统探讨技术寻求型对外直接投资逆向技术溢出效应的实现机制问题，并从国外技术获取和国内技术传播两个阶段和企业、产业和国家三个层面展开论证；再次，在前述两者理论构建的基础上，通过实证进一步论证技术寻求型对外直接投资的存在和作用，再进一步从国家层面分析影响技术寻求型对外直接投资技术进步效应的国内影响因素；最后，结合中国技术寻求型对外直接投资的缺陷和不足给出了政策建议。

（二）研究方法

本书所使用的方法主要有：在进行概念梳理和界定时，采用了理论分析法和文献研究法；在对对外直接投资的理论进行研究时采用了文献研究法和理论分析法；在对技术寻求型对外直接投资厂商动机、行为进行理论分析时采用了数理方法；在对技术寻求型对外直接投资的技术溢出方的动机和行为分析时运用了博弈分析方法；在对中国技术寻求型对外直接投资的历程和现状进行分析时，采用了逻辑和历史统一方法以及理论分析法；在对技术寻求型对外直接投资逆向技术溢出机制进行研究时，采用了理论分析法和文献研究法；在对中国技术寻求型对外直接投资整体技术溢出效应进行实证分析时，运用了计量经济学实证分析方法；在对中国技术寻求型对外直接投资的技术溢出效应进行实证时，运用了统计学方法；在对企业层次技术寻求型对外直接投资的技术进步效应进行实证时，采用了统计学方法；在对中国对外直接投资整体技术进步效应国内影响因素进行分析时，采用了计量经济学方法。

三、难点、创新点和不足

（一）难点

在逆向技术溢出发生的数理模型建立方面，实证数据获取方面、模型设定方面可能会遇到问题、困难。具体如：建立寡头技术溢出控制行为的博弈模型、建立技术寻求型对外直接投资厂商动机和行为的数理模型、进行企业层次的技术寻求型对外直接投资技术进步效应实证等。

（二）创新点

（1）本书对一些概念进行了梳理和重新界定。例如，对技术转移、技术溢出、技术传播等概念的重新界定；对技术寻求型对外直接投资与相关概念战略性资产寻求型对外直接投资、创造性资产寻求型对外直接投资的关系进行了判别；提出了技术寻求型对外直接投资技术进步效应概念的狭义和广义区分。

（2）本书建立了分析技术溢出对一国创新增长率发生影响的创

新增长模型、技术溢出方动机、行为分析的技术溢出控制困境博弈模型、技术寻求型对外直接投资厂商动机、行为的数理模型。

（3）机制分析方面，本书将逆向技术溢出机制分为国外获取技术和国内传播技术两个阶段，每个阶段均分解为企业、产业、国家三个层面的子机制进行分析，形成了一个对技术寻求型对外直接投资逆向技术溢出机制较为系统、完整的认识。此外，本书中第一次提出了具有独特含义的人力资本价值激励增值机制、行为观察技术猜测机制、时区差导致研发任务接力机制、文化碰撞激发机制、政府直接促成产学研合作机制等概念。

（4）从国家、企业层面分别对中国技术寻求型对外直接投资逆向技术溢出效应进行了实证。根据创新指数，选取排名在中国之前的 34 个国家和地区作为中国技术寻求型国际直接投资的目标地。将中国在这些国家和地区的直接投资和国内的技术进步建立起联系，增加了技术寻求型对外直接投资目标国家和地区选择的权威性和准确性。同时，进行企业层次的技术寻求型对外直接投资的技术进步效应的实证研究。此外，在实证分析过程中对相关变量的选取不同于以前，并有充分的理由。

（三）不足

第一，对于技术寻求型对外直接投资的发展历程，由于一些资料可得性的限制，没能精准地进行梳理。

第二，虽然根据全球创新指数对技术寻求型对外直接投资进行了甄别，但是这一做法还有待完善。

第三，在中国对外直接投资整体技术进步效应（中国技术寻求型对外直接投资技术进步效应的近似）的实证研究中，运用了面板数据，但是由于数据的限制，在考察中国对外直接投资技术进步效应的国内影响因素（中国技术寻求型对外直接投资技术进步效应的近似国内影响因素）时，没有采用面板数据，而是采用了时间序列。今后将会进一步收集、积累材料，并运用面板模型来研究影响因素。

第二章　概念界定与文献综述

一、概念界定

（一）技术转移、技术溢出、技术传播

本书中的技术在多数情况下是指广义的技术，除一般意义上的技术外还包括组织、管理、营销方面的知识，也包括东道国与市场经济更加契合的文化以及其他制度。无论哪个方面都有带来一般意义的技术进步的可能，这其实也是索罗模型中技术的完整含义。

技术传播、技术转移和技术溢出的概念及它们的相互关系。技术转移是指技术供给方主动、有意识地将技术向需求方传递，包括两类：一类是收取费用的技术传递，可称为技术交易；另一类是无偿的，可称为技术援助。技术溢出是指供给方在无意识条件下，向技术需求方传递技术，当然也不能取得对价的行为。技术转移和技

术溢出共同构成了技术传播。

这里所定义的技术溢出是狭义的技术溢出，和传统经济理论的相关内容较为符合，在后面还会出现广义的技术溢出概念。

（二）技术寻求型对外直接投资和一些相关概念的区分

1. 一些学者关于技术寻求型对外直接投资的定义

关于技术寻求型对外直接投资的概念，不同的学者有不同的定义方式。

杜群阳、朱勤（2004）认为，以获取东道国的智力资源、研发机构、信息等技术要素为目标，以新建或并购海外 R&D 机构为手段，以提升企业技术竞争力为宗旨的跨境资本输出行为被称为技术寻求型对外直接投资。

张宏、赵佳颖（2008）认为，这种以获取东道国更为先进的智力要素、技术、信息等资源为目标的跨境资本输出行为被称为技术获取型对外直接投资。[①]

欧阳艳艳（2010）认为，投资国通过对外直接投资接近东道国的 R&D 资源，进而获得由东道国流向投资母国的技术转移和技术溢出，这样的对外直接投资就是技术寻求型对外直接投资。

和技术寻求型对外直接投资相关的概念有创造性资产寻求型对外直接投资和战略性资产寻求型对外直接投资，在研究相关问题时，这两个概念和技术寻求型对外直接投资这一概念都会被用到，它们之间是什么关系呢？另外，科学和技术是经常并用的两个名词，而且在技术寻求型对外直接投资的学习过程中，避免不了也学到了科

① 即技术寻求型对外直接投资。

学知识，那么如何处理在技术寻求型对外直接投资这一概念中两者的关系呢？

2. 创造性资产及创造性资产寻求型对外直接投资

创造性资产是约翰·邓宁（John Dunning）于1993年在《跨国企业和全球经济》中提出的一个概念。其定义是在自然资源基础上，经过后天努力而创造出来的基于知识的资产，是企业竞争优势的来源。创造性资产可以分为有形资产和无形资产两类。有形资产如金融资产存量、通信设施和销售网络等。无形资产包括信息存量、商标、商誉和智能、技能、态度（如对财富创造者的态度）、才能、关系（如个人之间的相互关系或组织与政府的联系等）。无形资产的共同特征是知识性强。

约翰·邓宁在1998年发表的《区位和跨国企业：一个被忽视的因素?》一文中指出，在过去的10年中，跨国公司对外直接投资动机的最显著的变化就是创造性资产寻求型对外直接投资的快速增长，这时较少地强调利用既有的所有权特定优势，而更加关注通过并购新的资产，或与外国公司建立合作伙伴关系来扩展自身优势。创造性资产寻求型对外直接投资增长的最好证据就是作为对外直接投资形式的兼并和收购的不断增强。

3. 战略性资产及战略性资产寻求型对外直接投资

战略性资产是指能够为企业带来长期竞争优势的资产，它是一种难以被模仿或难以被替代的、非交易性的、积累过程缓慢且符合市场需求的资产。

企业的战略性资产可以分为四大类：第一类是投入要素资产，如有关生产要素的知识、稳定的生产要素供应商以及企业的融资能力等。第二类是过程资产，如商标、专利等知识产权，及适合本企业生产经营的生产机制和组织机构等。第三类是市场信息资产，包括竞争者的信息、上下游厂商的信息以及其他市场参与者的信息等。第四类是渠道资产，如已建立的营销渠道网络、分销商和顾客的认可等。①

约翰·邓宁于 1994 年提出对外直接投资“战略性资产获取动机说”，认为战略性资产获取型投资的目标是通过全球化战略以获得技术等关键资产，从而提高跨国企业的国际竞争力。通过上述分析，我们可以得出结论，战略性资产在内涵和外延上小于创造性资产。

4. *技术和科学在技术寻求型对外直接投资概念中的关系*

与技术相对应的一个概念是科学，在技术寻求型对外直接投资的概念中，技术与科学是什么样的关系呢？技术可按照广义和狭义两种方式进行解释。狭义的技术最原始的含义是熟练，熟能生巧中的巧就是技术。法国科学家狄德罗主编的《百科全书》给技术下了一个简明的定义：“技术是为某一目的共同协作组成的各种工具和规则体系。”而科学是关于自然、社会和思维的知识体系。时至今日，技术的发明则来源于科学知识和经验知识，已经离不开科学理论的指导，技术在很大程度上已变成了“科学的应用”。因此，现代技术中必然包含科学的成分，体现为科学的运用。具体到技术寻求型对外直接投资中，技术和科学的关系是怎么样的呢？一方面，在技术寻求型对外直接投资中有对于科学知识的获得，但是对外直接投资多数是直接提供商品和服务的，研发机构较少，直接获得的科学知识也不多，所获得的科学知识最后也要转化为技术才能够对产品

① 来源于百度百科。

和服务的生产产生作用。所以从最终对生产发生作用的介质来看，对于科学知识的寻求也就是对于技术的寻求。无论直接寻求到的是什么，最终都会转化为技术，因此，将对科学知识的寻求也包含于对技术的寻求中是有道理的。另一方面，对于取得的技术进步效应，没有办法将技术直接促进的和科学间接促进的区分开来，所以也必须如此界定。因此，根据技术寻求型对外直接投资的实际情况，必须也应该将科学包含于技术寻求型对外直接投资的寻求对象中。

此外，实证分析中往往通过考察全要素生产率和专利申请或者获批的数量来衡量技术进步，全要素生产率是生产总的增长率减去资本和劳动力的贡献后的余值，这个余值中必然包含了科学的作用。专利的数量也是科学、技术、管理等综合作用的结果，所以这个指标中也包含了科学的贡献。以此为被解释变量，必然要求解释变量中也包含了科学知识的作用，因此，根据技术寻求型对外直接投资理论发展的实际状况，技术寻求型对外直接投资这个概念也应该将寻求科学知识包含在内。

5. 技术寻求型对外直接投资、创造性资产寻求型对外直接投资和战略性资产寻求型对外直接投资的关系判定

综上所述，虽然创造性资产的内涵和外延大于战略性资产，但是在对创造性资产寻求型对外直接投资和战略性资产寻求型对外直接投资的技术进步效应实证中，采用的方法和对技术寻求型对外直接投资技术进步效应实证中所采用的方法基本相同，即也将索罗余值作为衡量技术进步的指标，因此，实际上将战略性资产和创造性资产的概念等同了起来。可以得出结论，广义的技术和创造性资产及战略性资产在本书中或类似研究中是同一概念的不同名称。那么

技术寻求型对外直接投资、创造性资产寻求型对外直接投资和战略性资产寻求型对外直接投资是同义语。

6. 本书关于技术寻求型对外直接投资的定义

本书将技术寻求型对外直接投资定义为，为了获得更为先进的存在于人力资本、物质资本和无形资本上的更为先进的技术、科学、管理、营销、文化、制度等知识所进行的直接投资，一般的流向是投资由落后国家流到先进国家。这个定义将技术做了一个广义的界定，包括了科学、技术、管理、营销和文化、制度等，将促进狭义技术进步的诸多因素都包括了进来。解决了技术寻求型对外直接投资中的技术和众所周知的技术的概念含义不完全相同的问题。

此外，该定义将技术的载体做了清晰的界定，不存在重合和模糊现象。技术寻求型对外直接投资一般的流向是由落后国家向先进国家流动，但是还存在特殊的情况。每个国家各个行业的发展在世界上的地位是不同的，落后国家也有先进行业。例如，印度的软件业，在这个行业上除美国外的发达国家都有可能对印度进行技术寻求型对外直接投资，其实就这个行业的个别领域来说美国都存在向印度进行技术寻求型对外直接投资的可能。

（三）技术寻求型对外直接投资的逆向技术溢出效应和技术进步效应

1. 对逆向技术溢出的一个描述

获得技术溢出是许多企业进行技术寻求型对外直接投资的目的。依据经济基本原理，技术溢出是一种正的外部性，这种利益的产生对于活动发出者来说并非是有意的，活动除了为活动发出者带来直

接利益外也为社会额外带来了一些利益，但是活动发出者没有办法对受益者收取费用。对于受益者来说这种利益是免费获得的。接下来通过更加具体的方式，将技术溢出发生的过程做一个描述：

如果一家企业发明了一项新技术，那么一段时间之后，竞争企业会对该项技术进行复制或者改造，他们会直接收集和该公司这项新技术有关的知识，或者设法得到这些技术生产出来的产品，通过模仿和逆向工程操作等方式而开发出与该企业这项新技术相近似的研究成果，于是，一些相似的产品会出现。再经过一段时间之后，相关市场中的产品和服务也会体现这类技术。但是，这些竞争者和相关产品的生产者并没有为使用该项新技术而向该公司支付费用，那么这些产品或服务使用者的利益是来自其企业外部的，没有产生内部成本。这时对于免费使用该项新技术的企业来说就获得了技术溢出。关于这个问题，在后面的理论模型中会有更详细的介绍。

2. 逆向技术溢出的狭义和广义的区分及理由

在前文论述其他主题时，对这种区分有所涉及，在接下来的内容中将区分的理由进一步展开。

在对外直接投资技术进步效应的研究中一般将对外直接投资或技术寻求型对外直接投资所获得的技术进步效果都称为技术溢出效应。但实际上，在对外直接投中，投资国企业获取的技术有的是技术拥有者无意识提供的（传统理论认为和前文定义的技术溢出），也有其有意识以非付费方式提供的，还有投资者在更便利的条件下通过某种付费方式获得的，这些都促进了技术进步。

另外，计算技术溢出效应的最广泛使用的方法是测算对外直接投资对全要素生产率（代表技术水平）的影响，而全要素生产率是由索罗余值来衡量的，索罗余值是经济增长率减去资本和劳动的贡献后的余额，这其实包含了各种方式对于技术进步的作用，当然也包含了技术转移和技术溢出的影响。这样做的主要原因在于进行技术寻求型对外直接投资带来的技术进步是从本国之外获得的，与取得外部性的利益有一定的相似，但又不完全相同。

对于理论研究者来说，总的技术进步是由哪种方式带来的不易区分，对于企业管理者来说同样如此。短期内，通过一项技术购买能够带来的技术进步效应可以明显地看出，但是从长期看，持续的、经常的微量技术进步来源看，是很难区分每一个进步来源的。并且，通过技术寻求型对外直接投资，我们更关心的是整体技术进步效应，只要是技术进步了，不会特别介意是哪种具体方式带来的，只要一定数额的投资带来一定数量的技术进步，那就可以了，哪种方式都不重要。所以将进行技术寻求型对外直接投资所获得的技术进步效应都称为技术溢出效应是有效率的。

3. 技术寻求型对外直接投资的逆向技术溢出效应和技术寻求型对外直接投资技术进步效应的概念界定

在技术寻求型对外直接投资中，厂商所免费获得的、技术供给方无意识传播的技术称为狭义的技术溢出，其对于国内技术进步的作用程度称为狭义的技术寻求型对外直接投资逆向技术溢出效应。而厂商通过免费和付费方式获得的技术称为技术寻求型对外直接投资所获得的广义的技术溢出，其对于国内技术进步的作用程度称为广义的技术寻求型对外直接投资逆向技术溢出效应，又可称为技术寻求型对外直接投资的技术进步效应。本书中所提到的技术溢出，在多数情况下是指广义的技术溢出。

二、国内外研究综述

（一）国外关于技术寻求型对外直接投资的相关理论研究综述

技术创新产业升级理论是英国学者坎特韦尔和托兰惕诺在20世纪90年代初提出来的，这一理论较好地解释了20世纪80年代以来发展中国家和地区对发达国家直接投资的快速增长。坎特韦尔和托兰惕诺主要从技术累积的角度来对发展中国家和地区的对外直接投资进行解释。他们指出发展中国家和地区技术水平的提高是一个持续积累的过程，并且是与其对外直接投资的增长密切相关的。很多发展中国家的对外直接投资延循了以下的发展顺序：最初的直接投资目的地是周边国家和地区，这比较利于充分利用种族联系和地理位置的优势。经过一段时间的发展以后，这些国家和地区的对外直接投资经验逐渐丰富，因此，他们的对外直接投资对种族因素的依赖性下降，投资区位选择开始从周边国家向其他发展中国家和地区进行扩展。伴随着对外直接投资的进一步发展，这些国家和地区的工业化水平和国内产业结构均显著提高，国内也开始出现了高科技领域的生产和研发活动。在这种情况下，为了获得更加先进复杂的制造业技术，这些发展中国家和地区开始向发达国家进行直接投资。

Brainard（1997）认为，当一国企业的对外贸易成本高于规模经济成本时，该国将以水平对外投资代替贸易，这将产生技术进步效应，这是一种间接的技术溢出机制。

Andrea Fosfury 和 Massimo Motta（1999）从技术扩散的角度阐明技术落后厂商进行对外直接投资不是为了利用已有的优势，而可能是为了在地理上靠近先进厂商以分享技术扩散的好处。他们提出了技术单项扩散的双寡头古诺模型。

Siotis（1999）对逆向技术溢出的发生机制进行了研究，结果显示：母国企业在地理上靠近东道国技术领先者，并设法建立紧密联系，就可以降低投资者生产成本，获得技术外溢，这是一种直接的技术溢出获得机制。

Wesson T.（1999）提出了一个简单的博弈模型，该模型证明了：发展中国家在进行对发达国家的对外直接投资之前并不具备竞争优势，通过参与某个特定的国外市场获得宝贵的某类资产是一些发展中国家企业对发达国家进行直接投资的一个重要动机。

Petit M. L. 等（2009）认为，实际经验表明，一个企业从国外市场获得技术溢出效应的程度取决于企业所选择的服务于国外市场的模式，接近的位置能增加知识传播的程度，对外直接投资的跨国企业希望找到公司附近的技术创新。在这一背景下，他们建立了分析企业国际化战略和创新行为的动态寡头模型，在模型中，知识流动随地理距离的接近而增加，研究结果说明企业进行创新和实行对外扩张战略时要考虑从东道国获得的技术溢出。

（二）国外关于技术寻求型对外直接投资的相关实证研究综述

Kogut 和 Chang（1991）通过研究美国 R&D 能力和产业结构的

分布并在考察日本企业对外直接投资时发现，日本企业对美国的直接投资集中分布在 R&D 密集型产业，并倾向于采取合资方式。他们据此推测，获取东道国逆向技术溢出已成为跨国公司对外直接投资的重要动因，这是国内外学者首次用实证方法检验并证实了对外直接投资技术寻求动机的存在性。

随后，一些学者相继展开了更进一步的研究。Lecraw（1993）研究了印度尼西亚企业对外直接投资的逆向技术溢出效应，认为通过收购发达国家的企业可以获得对方的技术和销售渠道，从而改善企业的经营绩效。

Coe 和 Helpman（1995）用 21 个 OECD 国家和以色列 1971～1990 年的面板数据进行实证的结果表明，国内和国外的 R&D 对 TFP 都有重要影响：对于大国而言，国内 R&D 资本存量的 TFP 弹性要大于外国 R&D 资本存量的 TFP 弹性；对于小国而言，国内 R&D 资本存量的 TFP 弹性要小于外国 R&D 资本存量的 TFP 弹性；进口占 GDP 比重越大的国家，从外国获得的技术溢出效应越大。

Lichtenberg F. 和 B. van Pottelsberghe de la Potterie（2001）对进口、利用外资与对外投资三种方式对国内技术进步的效应进行了实证。他们选用了美国、日本和德国等 13 个国家 1971～1990 年的数据。实证结果表明：利用外资没有对东道国的技术进步产生推动作用，但是进口和对外直接投资能够促进国内技术进步。

Nigel Driffield 和 James H. Love（2003）选用了英国制造业部门 1984～1992 年的面板数据，运用 GMM 法对外国来英国的直接投资能否为投资者带来技术溢出进行了检验。结果表明：外国投资者能够从对英国的直接投资中获得技术溢出，但是这种溢出的取得和行业有关，投资于研发密集度高的行业的外国投资者能够获得技术溢出。另外，逆向技术溢出效应还受到产业空间集聚程度的影响，如果投资企业的设厂地点选在产业空间集聚度高的地区，则获得技术溢出的效果会更好。

Nigel、Michael 和 James（2005）通过劳动单位成本和 R&D 密度两个指标对外国在英国进行直接投资能否为其带来技术溢出进行了实证分析，结论表明：当英国的 R&D 密度大于投资国的 R&D 密度时，国外企业的直接投资带有技术寻求的动机；如果同一行业中英国的单位劳动成本大于投资国的单位劳动成本，那么此时的对外直接投资就是纯粹的技术寻求型对外直接投资。

Makino S. 和 Yeh R.（2007）对新兴工业化国家对外直接投资的区位选择的影响因素进行了实证研究。他们使用 328 个台商的分析样本，研究发现，企业的动机对他们的投资区位选择有显著的影响，资源开发和战略资产寻求是影响企业区位选择的重要因素。

Deng P.（2007）认为，随着越来越多的中国企业对外直接投资增加，特别是在工业化国家的直接投资增加，一个非常重要的问题必须得到解决：中国对外直接投资的动机是什么？基于一级和二级数据源进行了实证分析，结论认为：当投资于发达经济体，中国的跨国公司的动机主要是对战略资源与能力的追求，而这种资产寻求型对外直接投资是一种战略考虑。这样的战略思考将促使商业从业者思考创新的方法，从而有助于确定合适的政策和应变措施。

Bitzer 和 Kerekes（2008）采用 17 个 OECD 国家 1973 ~ 2000 年的产业层面数据，检验了对外直接投资的逆向技术溢出效应，却得出与 Potterie 和 Lichtenberg（2001）完全相反的结论：外资的流入对

国内技术进步具有显著的溢出效应，而对外直接投资则并未产生显著的逆向技术溢出效应。

Pradhan、Jaya Prakash 和 Neelam（2008）针对印度汽车企业的研究表明，对发达国家的直接投资产生的逆向技术溢出效应强于对发展中国家的直接投资产生的逆向技术溢出效应，合资方式产生的技术溢出效应强于绿地投资。

Herzer D.（2011）运用33个发展中国家1980～2005年的样本使用面板协整技术对这些国家对外直接投资和全要素生产率之间的长期均衡关系进行了实证研究，结果发现：第一，平均而言，对外直接投资对这些发展中国家的全要素生产率产生了积极的长期影响。第二，提高全要素生产率既是对外直接投资的原因，也是对外直接投资的结果。第三，对外直接投资和全要素生产率之间的长期均衡关系国家间差异较大。另外，横截面回归分析表明：劳动力市场管制是产生这种差异的重要原因，母国人力资本水平、金融发展水平、贸易开放程度则无影响。

Pietrobelli C.、Rabellotti R. 和 Sanfilippo M.（2013）研究了中国对意大利进行直接投资的动机。该分析是建立在对中国在意大利的一些企业的关键人员和高级管理人员的深入访谈和一些二手资料的基础上的。中国在意大利和其他欧洲国家进行直接投资的模式发生了相似的变化。中国的对外直接投资从开始小规模地与贸易有关的直接投资转变为以对一些有形资源和无形资源的获得为目的的直接投资，最终目的是提升自己的技术和生产能力，提高中国在国际市场的地位。

（三）国内关于技术寻求型对外直接投资和逆向技术溢出的数理模型研究综述

冼国明、杨锐（1998）通过数理模型试图逻辑一致地解释发展中国家对发达国家的逆向投资（FDI－I 型）和对其他发展中国家的直接投资（FDI－Ⅱ型）。他们利用 Dunning（1993）的附加策略变量的动态 OIL 模型作为分析框架构造了学习型对外直接投资模型，这个模型解释了发展中国家的逆向对外直接投资，也说明了交叉型投资。此外，他们还利用了 Cournot 寡头竞争模型，改造后的模型证明了由于政府的介入，模型博弈的初始条件发生了改变，这使发展中国家以对外直接投资为手段的竞争策略的作用和效果得到了增强。他们认为，发展中国家对发达国家进行逆向直接投资的主要目的是获取先进技术以及其他方面的先进知识用来加快技术积累的速度，因此，他们把这类对外直接投资称为学习型对外直接投资。短期内看，学习型对外直接投资的主要目的不是为了能够使最终产品得到更加有效的生产，而是为了获取以技术为代表的中间产品。

马亚明、张岩贵（2003）对摩顿（Motto，1996）模型加以扩展，从技术扩散的角度阐明技术落后厂商进行对外直接投资不是为了利用已有的优势，而是为了在地理上靠近先进厂商以分享技术扩散的好处。他们提出了单项扩散和双向扩散的双寡头模型。结果表明，首先，假定技术落后厂商的策略空间仅限于出口，则两厂商技术差异较大，且技术扩散效应较小时，技术先进厂商选择对外直接投资；其次，假定技术先进厂商的策略空间是出口，则技术扩散效应足够大时，技术落后厂商就会进行技术寻求型对外直接投资，即

使运输成本为零；最后，两厂商技术水平相近，则只要创建成本不太大，对外直接投资就会发生，这种对外直接投资是互利的，两厂商成本状况都会改善。

曾剑云、刘海云和符安平（2008）根据 Fosfury 和 Massimo Motta 的研究成果，构建了两国双寡头古诺模型。在模型中，他们以技术当地化溢出作为前提，引入了企业的研发活动，从交换威胁战略和技术寻求动机两个角度解释了无技术优势的企业对外直接投资行为。解释了发达国家和发展中国家企业的技术获取型对外直接投资。他们还建议中国企业增加研发投入，加大对新兴工业化国家和地区的直接投资力度。

蔡伟毅（2009）采用了理论分析和数理模型分析相结合的方法，对格罗斯曼（Grossman）和赫尔普曼（Helpman）的关于技术创新和经济增长的理论模型进行了改造，建立了两部门的单一要素生产模型，对发达国家和发展中国家的技术创新竞争进行了研究。获得了以下结论：首先，在各个国家之间的创新知识可以相互溢出的情况下，全球的创新增长率会高于各个国家封闭条件下的创新增长率。如果各个国家之间研发能力差距越小，那全球创新增长率就会越高；其次，在开放经济的条件下，各个国家之间的创新知识如果溢出，那么研发能力较强的大国在开放条件下的创新增长率将大于其在封闭条件下的创新增长率；研发能力较弱的小国则相反，出现创新增长率绝对下降的情形。

王宗赐、韩伯棠和钟之阳（2011）认为，技术寻求型对外直接投资的目的是获取先进技术，但是能否真正获取依赖于反向溢出效应的存在。他们对两阶段完全信息古诺博弈模型进行了修正和扩展，增加了吸收能力和溢出量两个变量，研究了反向技术溢出效应与技术寻求型对外直接投资之间的关系。结果表明：技术寻求型对外直接投资的存在依赖于反向技术溢出效应，但其发生要求投资企业和东道国企业具有一定的技术差距，并且投资企业还要具有吸收能力。

潘素昆、郑乔云（2013）根据部分中国电子信息企业技术获取型对外直接投资的数据，运用多元逻辑模型对技术获取型对外直接投资的进入模式选择进行实证研究。结果表明：投资企业和东道国企业技术和文化差距越大、投资企业国际经营经验越丰富，则其越倾向于选择独资新建模式。企业规模越大、企业研发能力越强、东道国政策管制越严格、国家风险越大，企业越倾向于选择并购和合资新建模式。选择并购模式的概率又比选择合资新建模式的概率大。进行技术寻求型对外直接投资的企业应结合自身特性和东道国因素，选择合适的对外直接投资进入模式。

（四）国内关于技术寻求型对外直接投资的逆向技术溢出发生机制研究综述

赵伟、古广东和何元庆（2006）认为，逆向技术溢出通过四个机制进行传导。第一个机制称为 R&D 费用分摊机制。第二个机制是研发成果反馈机制。第三个机制是逆向技术溢出转移机制。第四个机制是外围研发剥离机制。

冯跃（2008）指出，对外直接投资促进母国技术进步的传导机制如下：首先是创新激励机制。包括五个分机制：一是竞争导向机制；二是消费者需求导向机制；三是生产经营环境导向机制；四是社会环境导向机制；五是政府导向机制。其次是学习激励机制。包括两个分机制：一是上下游关联导向机制；二是人才、科技环境导向机制。

尹华和朱绿乐（2008）发现，企业技术寻求型对外直接投资具有主体和区域特征，企业主要通过模仿跟随效应、联系效应、人员流动效应以及平台效应四个途径获得反向技术外溢。在分析中国企业技术寻求型对外直接投资实践的基础上，提出了优化中国企业技术寻求型对外直接投资的具体建议。

陈菲琼和虞旭丹（2009）提出了对外直接投资对国内企业的自主创新能力发生作用的反馈机制，得出了四种主要的反馈机制。这四种反馈机制是：海外研发反馈机制、收益反馈机制、子公司本土化反馈机制、对外投资的公共效应机制。并且以万向集团的对外直接投资所获得的逆向技术溢出为例，分析了这几个机制发生作用的具体表现。

胡宗彪、王剑伟和刘军（2011）从企业、产业和国家三个层面考察了逆向技术溢出的发生，因此，逆向技术溢出机制也分为企业、产业、国家三个层次。企业层次的机制包括研发费用分摊机制、模仿跟随机制、人才流动机制、平台利用机制。产业层次包括：示范效应机制和竞争效应机制。国家层次机制包括回顾效应机制、前瞻效应机制和旁侧效应机制。

（五）国内关于技术寻求型对外直接投资逆向技术溢出效应的实证研究综述

邹玉娟和陈漓高（2008）选用了1986～2006年的数据，对中国的对外直接投资增长率和全要素生产率增长率的关系做了实证研究。

实证结果表明：两者相互作用、相互影响，但是全要素生产率变化率对对外直接投资增长率的影响作用更大。反之，则较小。他们认为，原因主要是目前中国对外直接投资规模较小，力度不够。他们还认为，随着对外直接投资规模的扩大，对外直接投资增长率对全要素生产率的增长率的影响会逐渐增强。中国对外直接投资对国内技术进步作用的程度有很大的提升空间。

王英和刘思峰（2008）运用中国 1985 ~ 2005 年的数据测算了中国通过外国直接投资、对外直接投资、出口贸易和进口贸易四种渠道获得的外国研发资本存量的溢出额，并采用国际研发溢出回归模型实证分析了各种渠道对于中国全要素生产率的影响。结果表明，国内研发支出是全要素生产率增长的最重要促进因素，外国直接投资和出口贸易对全要素生产率的增长也起到了促进作用，对外直接投资和进口贸易没有对中国的技术进步起到促进作用。

刘明霞和王学军（2009）利用中国 2003 ~ 2007 年的省际面板数据对中国对外直接投资的逆向技术溢出效应进行了实证检验。结果表明，中国对外直接投资的逆向技术溢出效应地区差异较大，主要影响因素是吸收能力。国内研发投资能够促进国内全要素生产率的提高，但是却阻碍了国内技术效率的提高。

遇芳（2011）根据 1990 ~ 2007 年数据，对中国企业技术寻求型对外直接投资的国内技术进步促进作用进行了实证。结果显示：虽然 1990 ~ 2007 年中国从国外获得的研发资源总体数量是在增加的，但是中国企业的技术寻求型对外直接投资不但没有对国内的全要素生产率形成正的促进作用，而且阻碍了中国全要素生产率的提高，主要原因是目前中国的技术寻求型对外直接投资仍处于初步发展阶

段，应该采取措施努力使中国的技术寻求型对外直接投资对国内的全要素生产率起正面的促进作用。

陈丽丽（2011）选取了美国、日本、加拿大、德国、英国、澳大利亚等12个国家作为中国技术寻求型对外直接投资的目标国。通过中国对这12个国家的直接投资量和中国的全要素生产率关系的回归分析，得出结论：中国所进行的技术寻求型对外直接投资每增加1%，会使全要素生产率增长0.04%。

李梅和金照林（2011）使用2003~2008年中国的省际面板数据，研究了对外直接投资的逆向技术溢出效应及人力资本对其的影响。结果显示：现阶段通过对外直接投资获得的外国研发资源对国内技术进步、技术效率和全要素生产率均未表现出显著正向影响。他们还将中国对外直接投资的逆向技术溢出效应按东部、中部和西部分区进行了回归。结果表明，对外直接投资对中国各省区的逆向技术溢出存在明显差异，对外直接投资显著促进了东部和中部地区的全要素生产率的增长，对西部地区的全要素生产率增长则不存在显著影响。原因主要在于中东部地区的高水平人力资本对于对外直接投资的逆向技术溢出效果起到了放大作用，西部地区的人力资本却没有发挥相应的促进作用。

何一鸣和张洪燕（2011）使用了1982~2008年的数据，运用R&D溢出回归模型计算了全要素生产率和国内研发存量及对外直接投资所获得的国外研发资本存量之间的关系。结果表明，对外直接投资确实存在逆向技术溢出效应，能够促进国内技术进步，但自主研发是技术进步更重要的源泉。

陈岩（2011）利用中国2003~2008年省际面板数据，实证分析了中国跨国公司对外直接投资是否能够产生逆向技术溢出效应。结果表明：各省获得的国外研发资本存量与该省市全要素生产率的提高密切相关，逆向溢出效应确实存在。其还认为，对外投资的逆向溢出效应各省市是不同的，主要取决于跨国公司所在省市的吸收能力。

欧阳艳艳（2012）计算了中国对外直接投资各行业的平均生产率、技术效率和技术进步率，还运用灰色关联法将其与各行业对外直接投资所获得的外国研发资本溢出的关系进行了实证分析，得出的结论是：中国对外直接投资各行业所获得的外国逆向技术溢出与行业的平均生产率整体上呈中等关联度。第二产业的关联度更强。第三产业内的不同行业的关联度差别较大。第三产业里高技术含量行业的关联度较低，而中低技术含量的行业关联度较高。所以，为了更好地发挥中国对外直接投资获得的逆向技术溢出对于技术进步的作用，必须加大制造业和高技术服务业的对外直接投资力度。

沙文兵（2012）利用中国省际面板数据，研究了对外直接投资逆向技术溢出对国内创新能力的影响。实证结果表明，中国对外直接投资所获得的逆向技术溢出对以国内专利授权数量为表征的国内创新能力产生了显著的正面效应。对外直接投资逆向技术溢出对国内创新能力的影响在不同的地区呈现出显著差异，东部地区对外直接投资获得的逆向技术溢出对区内创新能力的正面影响最大，中部地区次之，而西部地区对外直接投资则没有对区内创新能力产生显著的促进作用。

刘宏和秦蕾（2013）采用 1990 ~ 2010 年的数据分析了对外直接投资对中国技术进步的推动作用。结果发现，对外直接投资对中国的技术进步有积极的促进作用，对外直接投资每增加10%，全要素生产率就会增长0.1%，但是存在时间的滞后效应。

祁春凌、黄晓玲和樊瑛（2013）利用2003～2009年中国以16个发达国家对外直接投资额为被解释变量，结合其他变量构成了一套面板数据，运用单边投资引力模型对中国技术寻求型对外直接投资的影响因素进行了实证。研究结果表明，中国对发达国家进行直接投资的主要动机是获取先进技术。而且这种寻求技术的对外直接投资还和发达国家对中国技术转让和高技术产品出口的限制相关，如果这种限制越多，那么中国对其进行的技术寻求型对外直接投资就会越多。技术寻求型对外直接投资是中国应对外国对华技术转让和高技术产品出口限制的一项重要措施。

胡小娟（2015）认为，根据中国企业对外直接投资整体现状和所掌握的一些对外直接投资的个案来看，中国企业通过对外直接投资所获得的技术溢出效应应该是在发达国家更为显著，为了验证此结论，选用了2003～2010年的省际面板数据进行了实证。结果却表明：中国企业到发达国家进行直接投资对中国技术进步和经济发展并没有正的效应，而对新兴工业化国家和地区的直接投资却有效地促进了国内技术进步和经济发展。他们认为这种现象产生的原因是技术差距、技术吸收能力和贸易保护政策等。

三、对国内外研究现状的评述

技术寻求型对外直接投资是国际直接投资中重要的一种方式，

随着经济全球化、生产全球化和研发全球化，这种方式对于技术进步的作用越来越大，这是一种技术需求方主动选择并且能够接触到本行业技术最前沿的技术学习方式。但是关于这一方面的具有较强解释力的、普遍被认可的理论非常少。这种寻求优势的国际直接投资理论和利用优势型国际直接投资理论的发展状况简直天壤之别。利用优势的国际直接投资理论有用来解释发达国家对外直接投资的理论，如垄断优势论、内部化理论、国际生产折中理论，还有用来解释发展中国家进行对外直接投资的理论，如小规模技术理论、技术当地化理论等。它们都具有一定的学术地位和较强的解释能力。虽然技术寻求型对外直接投资理论有了一定的发展，但是如同上述级别的理论几乎还不存在。

在技术寻求型对外直接投资方面的研究取得较为一致的认识是在实证方面，如 CH 模型、LP 模型所代表的学术观点。通过运用这些模型进行实证，在多数情况下，证明了技术寻求型对外直接投资能够获得技术溢出。这也推动了技术寻求型对外直接投资实证研究和理论研究的发展。一些模型试图从理论上证明技术寻求型对外直接投资发生的动因。例如，Andrea Fosfury 和 Massimo Motta 1999 年提出的一个模型是这一方面的代表。他们运用双寡头古诺模型从技术扩散的角度阐明技术落后厂商进行对外直接投资为了在地理上靠近先进厂商以分享技术扩散的好处。但是这一做法并不符合技术寻求型对外直接投资中技术寻求者和技术供给者之间的关系实际。技术学习者和技术供给者之间应该有一个较大的技术差距，这是事实。而古诺模型要求的竞争者的平均成本和边际成本（即技术水平）相等，市场地位接近并不符合上述事实，所以古诺模型用在这里不很

合适。包括国内外的很多类似研究也延循这一思路。

技术寻求型对外直接投资在机制研究方面虽然取得了一些成果，但还存在一些问题。例如，一些概念、含义含糊，各机制之间的关系描述不准确，有些机制相互重合的成分较大，国外获得技术机制和国内传播机制未作区分，国家、产业、企业层次的机制混杂等。对于中国的技术寻求型对外直接投资的理论研究多数是延循国外的研究路线，也有一些学者提出了自己较为独特的具有价值的观点。例如冼国明、杨锐（1998）通过数理模型逻辑一致地解释了发展中国家对发达国家的逆向投资（FDI－Ⅰ型）和对其他发展中国家的直接投资（FDI－Ⅱ型）。

总体来说，无论国内还是国外，此类研究还基本处于初步发展阶段，对于已有的成果要“取其精华，去其糟粕”。本书希望能为此类理论和实际问题的研究做出应有的贡献。

第三章　中国技术寻求型对外直接投资发展历程和现状

一、中国技术寻求型对外直接投资发展历程

技术寻求型对外直接投资到目前还没有一个公认的确定其外延的判别方式，本章根据多数学者的做法，选用了根据投资东道国和地区是否为技术领先国家和地区（往往用发达国家来替代），投资行业是否为制造业和高技术行业，投资方式是否为并购作为近似的衡量标准。在技术领先国家和地区进行直接投资为技术寻求型对外直接投资，并购的总量的一定比例为技术寻求型对外直接投资，制造业和高技术领域的投资大体上被视为技术寻求型对外直接投资。另外，本书还根据对外直接投资的主体来大体确定对外直接投资是否为技术寻求型对外直接投资。

中国的对外直接投资是从 1979 年开始的，直到 1985 年是一个

探索阶段。这一阶段对外直接投资的主体主要是一些从事进出口业务的国有专业外贸公司、省市国际经济技术开发公司、为中国进出口服务的金融和远洋运输企业等。贸易专业公司的海外投资地多设在原出口市场较为集中的地区，而国际经济技术合作公司的对外直接投资则以在中东地区和非洲为主。从发展程度方面来讲，从事经济技术合作的对象是比中国技术落后的国家和地区。这一阶段，几乎不会有技术寻求型对外直接投资。

从 1986 年开始，到 1992 年这一段时间中国对外直接投资取得了初步的发展。

对外投资的主力仍然是中央和地方大中型国有企业，但是企业行业类型有了变化，除上一时期的大型外贸、外经企业外，又扩大到大中型工业企业和综合性金融企业，如首钢、中信、深圳赛格集团等。工业企业的对外直接投资比单纯的外贸企业的直接投资技术寻求因素强。并购方式出现且主要发生在发达国家表明了技术寻求的因素在增加。首钢购买了美国麦斯塔工程设计公司 70% 的股份就是明显的一个例子。

1993 ~ 1998 年是中国对外直接投资的一个调整时期，但对外直接投资还是取得了一定的发展，许多民营企业进行了技术寻求型对外直接投资，如万向、华为、联想、格兰仕等。但是直到 1990 年代初中国对海外直接投资还是采取一定程度的限制。

二、中国技术寻求型对外直接投资现状

在 2001 年全国人大九届四次会议通过的“十五”计划纲要中，

“走出去”战略被正式提出。与“走出去”战略一致，关于对外直接投资的管理、统计制度和各类支持政策也逐渐完善起来。国务院2004年7月做出了《关于投资体制改革的决定》，改革了项目审批制度。对于企业不使用政府投资建设的项目，根据不同情况分别实行核准制和备案制，这使我国对外投资项目从审批制向核准制（备案制）发生根本性转变。这一决定还划分了发改委、商务部和地方政府在对外投资核准上的职责范围。此外，发改委、商务部以及其他一些部门也纷纷出台了一些制度和政策，如《关于境外投资开办企业核准事项的规定》《境外投资管理办法》《境外投资产业指导政策》《境外投资产业指导目录》等。此外，还建立一些基金、资金进行支持以及实行税收和信贷上的优惠等。这些政策使中国对外直接投资呈现了前所未有的发展态势，尤其是促进了民企对外直接投资的大幅发展。

（一）中国技术寻求型对外直接投资现状分析

首先，根据对外直接投资主体的状况来分析中国技术寻求型对外直接投资的现状。2013年末中国非金融类对外直接投资存量中，国有企业占比继续下降，占比为55.2%；有限责任公司占比增加到30.8%；股份有限公司占比达7.5%；股份合作企业占比增加到2.0%；私营企业占比为2.2%。而在2006年，非国有企业的占比仅为19.0%。在中国国企的对外直接投资中，以资源寻求和金融业投资为主，其比重的降低，表明了中国其他动机类型的对外直接投资在增加，其中就包括技术寻求型对外直接投资的增加。

但同时也要注意的是，2013年末非金融类对外直接投资存量20

强中，民营企业仅有华为公司，位列第12位，其他企业均为国有、国资控股或参股公司（见表3－1）。可见，虽然中国对外投资主体多元化有所发展，但国有企业仍占主导地位，投资主体结构不合理的现象仍然存在，也就是说，仅从这个角度看，技术寻求型对外直接投资的规模和增长速度还需要提升。

表3－1　按2013年末对外直接投资存量排序的中国非金融类跨国公司20强

序号	公司名称
1	中国石油化工集团公司
2	中国石油天然气集团公司
3	中国海洋石油总公司
4	中国移动通信集团公司
5	华润（集团）有限公司
6	中国远洋运输（集团）有限公司
7	中国中化集团公司
8	中国建筑工程总公司
9	招商局集团有限公司
10	中国铝业公司
11	中国联合网络通信集团有限公司
12	华为技术有限公司
13	中国化工集团公司
14	中国五矿集团公司
15	中国中信集团有限公司
16	中国交通建设集团有限公司
17	中粮集团有限公司
18	中国航空集团公司
19	中国长江三峡集团公司
20	国家电网公司

资料来源：《2013年度中国对外直接投资统计公报》。

其次，根据中国对外直接投资的地区分布来分析中国技术寻求型对外直接投资现状。2013 年，中国对外直接投资流向发展中国家的为 971.3 亿美元，占当年流量的 85.1%，同比增长 31%；流向发达经济体的为 138.3 亿美元，同比增长 19.1%；对转型体投资 22.8 亿美元，同比增长 72.9%。从这一数据表面看，似乎中国的技术寻求型对外直接投资很少，因为，技术寻求型对外直接投资按照上面所提到的第一个标准是中国投向发达国家的直接投资才能真正算作是技术寻求型对外直接投资，但是如果深入分析下去，会发现这只是一种习惯的看法，因为技术水平高的国家并不只是传统意义上的发达国家。

2013 年底，中国对外直接投资流量排前 10 位的是中国香港、开曼群岛、美国、澳大利亚、英属维尔京群岛、新加坡、印度尼西亚、英国、卢森堡、俄罗斯（见表 3－2）。除俄罗斯和印度尼西亚外，其他国家和地区的经济水平明显高于中国，如果将中国在除俄罗斯、印度尼西亚之外的国家和地区的直接投资算作是技术寻求型对外直接投资的话，那么比仅将中国在其中的发达国家的直接投资作为技术寻求型对外直接投资更加合理。如果再将开曼群岛、英属维尔京群岛去除掉，这会更有说服力，中国在其余 6 个国家和地区的对外直接投资流量超过了其对外直接投资总流量的 70%，如果再加上中国在其他创新指数高于中国的国家的直接投资流量，那么比例会更高。也就是说如果按照这个标准来判断，中国对外直接投资中至少有 70% 属于技术寻求型对外直接投资。而从 2013 年中国对外直接投资流量排名前 20 位的国家和地区来看，有 12 个国家和地区的创新指数排名高于中国。这也表明了中国技术寻求型对外直接投资的发展状况。

表3－2 2013年中国对外直接投资流量前20位国家和地区

单位：亿美元，%

排名	国家和地区	流量	比重
1	中国香港	628.24	58.3
2	开曼群岛	92.53	8.6
3	美国	38.73	3.6
4	澳大利亚	34.58	3.2
5	英属维尔京群岛	32.22	3.0
6	新加坡	20.33	1.9
7	印度尼西亚	15.63	1.5
8	英国	14.2	1.3
9	卢森堡	12.75	1.2
10	俄罗斯联邦	10.22	0.9
11	加拿大	10.09	0.9
12	德国	9.11	0.8
13	哈萨克斯坦	8.11	0.8
14	老挝	7.81	0.7
15	泰国	7.55	0.7
16	伊朗	7.45	0.7
17	马来西亚	6.16	0.6
18	津巴布韦	5.18	0.5
19	柬埔寨	4.99	0.4
20	越南	4.81	0.4
合计		970.69	90.0

资料来源：《2013年度中国对外直接投资统计公报》。

再次，根据对外直接投资的进入方式来分析中国技术寻求型对外直接投资现状。跨国并购已成为中国对外直接投资的主要形式之一。2008年并购额为205亿美元，2013年对外直接投资的并购额为

529 亿美元，而在 2002 年中国的跨国并购总金额仅为 2 亿美元。并购涉及的产业也多种多样。并购增加的主要原因有：人民币的不断升值有利于降低中国跨国公司海外并购的成本。人民币国际化的加速使中国跨国公司拓宽了筹集资金的渠道，降低了对应的成本，提高了投资和融资的效率。中国一些企业实力增强，企业的资金相对充足也是使跨国并购增加的一个重要原因。跨国并购本身能够直接获得被并购企业的先进技术和销售渠道，这是跨国投资时企业考虑的重要因素。

最后，根据对外直接投资进入的行业来分析中国技术寻求型对外直接投资现状。制造业往往被公认为是一个技术寻求目的较强的行业，欧洲和北美则是公认的全球两个技术中心。中国在这两个地方的制造业投资存量比重远高于平均水平。在北美制造业投资存量占中国在北美直接投资存量的比例为 17.4%，在欧洲的这一比例为 20.4%，而中国制造业对外直接投资存量在整个中国对外直接投资存量的占比仅为6.4%。据此标准判断，中国技术寻求型对外直接投资在这两个地区分布较多。

在技术寻求型对外直接投资导向较强的三个行业中，从存量上看，制造业占比为6.4%，而科学研究和技术服务业与信息传输、软件和信息技术服务业之和占比仅为2.4%。从流量上看，制造业占比为6.7%，而科学研究和技术服务业与信息传输、软件和信息技术服务业之和占比仅为2.96%。这表明：中国的技术寻求型对外直接投资获得适用技术目的居多，而获取高技术目的较少。

综上所述，通过不同的标准来判断，中国技术寻求型对外直接投资的发展状况存在差异，但是总体上来说，中国技术寻求型对外

直接投资已经具有了一定的规模，发展速度也较快，但也存在一些不足，如何更好地发挥技术寻求型对外直接投资的作用取决于我们对这个技术进步方式的认识程度，通过实际数据的梳理，我们已经取得了一定的认识，接下来的各章将对这一认识从理论分析和实证的角度进一步加深。本章的下一小节，是对中国部分技术寻求型对外直接投资项目的统计。

（二）部分中国技术寻求型对外直接投资企业投资项目

表 3－3 显示了中国企业海外投资项目情况，从中我们能够看出两个明显特征，即伴随着国内经济实力的增强和科学技术水平的提升，越来越多的国内企业开始着手进行海外投资项目，企业数量与日俱增；此外，从投资行业来看，涉及软件、机械、电器、通信和信息技术等多个领域，且对技术密集型行业的投资比重有上升的趋势，充分表明我国企业技术寻求型对外直接投资的存在性和关键性。

表 3－3　中国技术寻求型对外直接投资企业投资项目

公司名称	年份	项目机构	所属行业
联想集团	2004	收购 IBM 个人电脑业务	信息技术
华为公司	2010、2011	加拿大、美国研发中心	通信
海尔集团	2011	收购三洋电器部分业务	电器
北大方正	2001	方正加拿大研究所	软件
小天鹅	1997	洛杉矶技术开发中心	电器
格兰仕	1997	美国硅谷研究中心	电器
中兴通讯	2010	杜塞尔多夫研发实验室	通讯
长安汽车	2011	底特律研发中心	汽车
万向集团	2013	A123 系统公司	机械
首信集团	2002	收购美国 Mobieom 公司	信息技术

续表

公司名称	年份	项目机构	所属行业
大连机床	2004	德国兹默曼公司	机械
TCL 集团	2004	美国、新加坡研发中心	电器
中联重科	2008	意大利混凝土机械企业	机械
吉利集团	2009	澳大利亚国际动力系统	汽车
潍柴集团	2012	意大利法拉帝公司	游艇
三一重工	2012	德国普茨迈斯特	机械
徐工集团	2012	施维英集团有限公司	机械
中石化	2014	休斯敦研究开发中心	石化
国家电网	2014	收购意大利能源网	能源

资料来源：根据有关资料整理。

第四章　技术寻求型对外直接投资的必要性、条件、动因分析

对技术寻求型对外直接投资的理论研究主要是通过理论分析和建立经济模型来论证技术寻求型对外直接投资的存在性及其对于技术进步和效益提高的作用。本书认为，尽管传统研究取得了一些成果，但是也存在不足。例如，较为流行的分析技术寻求型对外直接投资存在性及其技术进步作用的一个常用的理论模型是古诺模型，这一做法存在问题。古诺模型的运用是有一定条件的，寡头市场也有自身的特征，但是在技术寻求型对外直接投资研究领域中对古诺模型的应用却在一定程度上违背了古诺模型的使用条件以及寡头市场的特征。古诺竞争和寡头市场要求古诺模型中的博弈必须是市场地位接近的寡头之间的数量竞争，且技术水平应该十分接近。而进行技术寻求型对外直接投资的技术落后企业不会具有和被学习者近乎相同的市场地位，在技术水平上也会相差较多。所以学习者的行为会受到被学习者的影响，但是他的行为几乎不会对作为他学习对象的技术领先者的行为产生影响。因此，用古诺模型来分析技术领

先者和技术学习者的关系在多数情况下是不合适的，学习者和被学习者之间的行为不能相互影响，构不成博弈。

为此，本书建立了技术外溢控制困境模型，这个模型用于分析拥有先进技术的寡头之间在是否要控制他们所共同掌握而为其他厂商不掌握的某些技术外溢问题上所进行的博弈。博弈的一个均衡是寡头们对技术外溢均不采取控制措施，因此，技术学习者能够获得技术外溢。另外，本章还通过一个简单的数理模型论证了进行技术寻求型对外直接投资是贸易全球化条件下发展中国家不被技术边缘化的必然要求并且探讨了技术寻求型厂商对外直接投资的动机和行为，提出了行业技术溢出乘数这一新概念。

概括起来，本章主要从理论上对技术寻求型对外直接投资的必要性、条件和动因进行了论证。实际上是分别以宏观角度的国家、微观角度的技术寻求者和技术供给者为对象建立了模型，还在模型中引入了政府的作用，对技术寻求型对外直接投资所涉及的一些主要理论问题进行了探讨。

一、必要性分析

本章的研究模型主要参照了蔡伟毅（2009）的研究成果，对其模型进行了简化，将一个国家整体作为研究对象分析了进行技术寻求型对外直接投资的必要性。

假设世界上有两个国家 1 和 2，1 是技术先进国家，2 是技术落后国家。每个经济体中现有的创新产品存量是 n_i，$i=1$，2，在每一

考察期内的新增的创新产品数量是 $\dot{n}_i$，在封闭经济的条件下，每个经济体创新产品的增长率就是 $g_i = \dot{n}_i / n_i$。

在开放经济的条件下，技术如果可以溢出，并且可以以技术寻求型对外直接投资取得，各个国家创新增长率会有什么样的变化？首先考察2 国创新增长率的变化。在没有技术溢出时，2 国的创新增长率是 $g_{21} = \dot{n}_2 / n_2$。现在发生了技术的单向溢出，即技术从先进的 1 国向落后的 2 国溢出，如果溢出的创新产品数量和 2 国所接受的创新产品数量相同，可以用 Δn_1 来表示，那么 2 国的创新产品在考察期内新增的创新产品总的数量是 $\Delta n_1 + \dot{n}_2$，则 2 国的创新增长率变为 $g_{22} = (\Delta n_1 + \dot{n}_2) / n_2$，很明显，$g_{22} > g_{21}$，所以，在技术由 1 国向 2 国溢出的情况下，2 国的创新增长率提高了。如果技术落后方1 国接受了技术先进方 2 国的技术溢出后，通过消化、吸收和创新并取得了某种技术突破，那么可能在个别领域会领先于 2 国，可能会向 2 国发生反向外溢，这时技术溢就是双向的了，1 国的创新增长率也会以同样的方式得到提高。

如果 1 国和 2 国本来就是技术水平大体相当，只是各自优势的领域不同，那么双向溢出是更合乎情理的了。所以，通过技术外溢双方的创新增长率都超过了技术外溢发生前。

在上述模型之外进行一个相关内容的思考，结论是在国际贸易发生而国家间技术溢出不发生时，落后国家的创新增长率会下降，低于封闭经济下的创新增长率。由于发达国家的研发能力和经济实力较强使其具备在创新产品生产上的优势，发展中国家的一些创新产品市场逐渐被发达国家产品占领，使本来可以在封闭状态下取得发展的发展中国家的创新产品生产趋于萎缩。

因此，如果发生国际贸易而不发生国际技术溢出，那么，发展中国家在创新产品的生产上，在创新能力的提高上会处于更加不利的地位，以致创新产品生产能力和主动性逐渐丧失。因此，参与国际贸易的发展中国家必须进行技术寻求型对外直接投资，直接到技术最先进的国家和地区进行直接投资，主动获取其技术外溢，这是由国际贸易自由化的大环境决定的，是在技术上不被边缘化的必然要求。

二、条件分析

（一）寡头市场特征和古诺模型适用条件分析

1. 寡头市场的概念及特征分析

寡头市场也称寡头垄断市场。它是一种在某一行业中只存在少数几家厂商控制同一产品生产和销售的市场结构。其特征主要有以下四个：

第一，厂商数量非常少。市场上只有多于一个的少数几个厂商，每个厂商的市场份额都较大，所以他们在市场中都举足轻重，都对产品价格具有较强的影响力。

第二，厂商之间相互依存。每一个厂商进行决策时，不是仅仅考虑自己的状况，而是必须把其他厂商的反映也考虑在内。他们都既不是价格的制定者，也不是价格的接受者，他们是价格的寻求者或者说是价格的博弈者。

第三，寡头市场中的产品是同质的，也可以是异质的。同质的产品可以视为没有差别，因此，寡头厂商之间彼此依存的程度很高，这种市场结构叫作纯粹寡头市场，存在于钢铁、化纤、水泥等行业之中；异质产品有一定程度的差别，所以寡头之间的依存度相对较低，这种市场结构叫作差别寡头，在汽车、电气设备、计算机、香烟等行业中较为常见。

第四，进出这一类型的市场非常困难。在一般情况下，计划进入的厂商在规模、资金、信誉、市场、原料、技术等方面与寡头们差距较大，他们很难与其匹敌。另外，由于原有厂商相互依存，休戚相关，虽然彼此之间存在竞争，但是在阻止新厂商进入这一点上却存在着共同利益，他们比较容易达成协议，而对新进入者采取联合行动阻止其进入，如此，其他厂商的进入更是难上加难。

2. 古诺模型及其适用条件分析

1838 年法国经济学家古诺提出了古诺模型，也叫作古诺双寡头模型，还可以称为双寡头模型。古诺模型被很多经济学家所喜爱，经常被用来分析寡头市场上的寡头们的竞争行为。古诺模型的结论被推广到三个或三个以上的寡头厂商的情况后，这一模型便有了更广泛的运用领域。

古诺模型阐述了相互竞争的两个寡头的行为，他们相互间没有任何勾结行为，但相互间都知道对方将怎样行动，从而各自怎样确定最优的产量来实现利润最大化，作用的结果是产生了一个位于竞争均衡和垄断均衡之间的均衡。

双寡头竞争的最终结果是每个厂商生产市场容量的1/3。对这一结果进行推广：在行业中寡头厂商数量为 m 的情况下，每个厂商的

均衡产量 = 市场总容量 ×1/(m+1)；行业的均衡总产量 = 市场总容量 ×m/(m+1)。

古诺模型分析的前提条件中，有产品同质、边际成本和平均成本相同的前提条件，这表明了寡头们之间的技术水平相同。另外，还假定是寡头们进行数量竞争，这其实是要求企业们的市场地位相近。

由此可见，寡头市场的特征和古诺模型要求的博弈者之间市场地位接近、技术相同和数量竞争与技术寻求型对外直接投资中的技术学习者和技术供给者之间的关系实际是不相符合的。技术供给者能够影响技术学习者的行为，而技术学习者的行为却不能影响技术供给者的行为，两者构不成博弈。因此，要建立新的理论和模型来研究相关问题。

（二）寡头技术溢出控制行为的博弈分析

本部分从技术供给方的动机和行为分析入手，讨论了技术寻求型对外直接投资能够获得技术溢出的外部可能条件。技术是一种准公共物品，在一定程度上具有非竞争性和非排他性，这是技术和一般有形产品的区别，也是技术发生主动传播的根本依据。非竞争性是指对某一物品的消费者增加不会减少现在消费者的效用。技术在一定程度上也具有非竞争性，在某些情况下，技术传播给他人不会影响现在技术拥有者的效用，因此，技术拥有者便可以在满足一定条件的时候主动进行技术转移。

主动的不直接收取转让费的技术传播的具体原因有四个：第一，一些厂商为了使自己在价值链竞争中处于更加有利的地位，会主动

向上下游厂商传播相关技术，以使上下游厂商更好地了解自己的需求，为自己提供更好的配套产品和服务。第二，其进行主动的技术外溢有利于树立其行业领导和技术领先者的形象，有利于其技术成为行业标准。在其很多技术和标准为大家共享时，共享技术基础上的新技术和新标准也更易于为大家接受，溢出者能够获得后续利益。第三，在某些情况下，一些厂商为了形成行业规模经济而对一些技术进行外溢，尤其是在产品市场还没有完全成熟的时候，需要众多厂商的共同努力，包括主动的技术传播，消费者才会认识和接受这一新产品。第四，当这种免费的技术外溢成为技术供给者和学习者共同的习惯时，技术供给者能够保持自己较多的技术领先优势和更高的利润，减少了其他竞争者对自己的威胁。其他厂商也能够减少研发上的投入和研发成果不确定的风险，虽然技术进步受制于人，获得的利润较少，但是也能够获得一定的利润。

另外的技术传播方式是技术溢出①，这是一种技术拥有方非主动的技术传播。技术作用方式和作用结果的外化（包括体现技术的硬件设施、符号资料、产品）使技术有被他人破译的可能，很难阻止其他人对技术的学习。这种学习由于信息不对称和学习者自身的付出，技术拥有方很难对其进行收费，或者无从知晓是否是学习者从自己这里获得了技术。这种非排他性无法阻止技术非主动外溢的持续发生。如果技术拥有者能够收费，那这种免费的外溢就不会持续发生了。学习者获取技术溢出主要通过以下一些方式，如逆向工程、通过对领先者的经营行为的观察而进行猜测、人员交流等，关于这部分内容会在本书第五章、第六章和第七章中有较为详细的介绍。

① 即前文所定义的狭义的技术溢出。

东道国的寡头们会了解上述知识，知道存在技术的主动传播和技术溢出。他们对于其所共同掌握的某些技术是否采取控制外溢的措施存在一种矛盾的心态。他们既有控制技术外溢①以维持自己技术优势地位的想法，也有进行技术外溢获得更加有利竞争地位的想法，更有对竞争对手是否和在多大程度上控制技术外溢无法确定的无奈。如果某一寡头采取了控制技术外溢的做法，其他寡头也采取了控制技术外溢的做法，假如控制技术外溢的措施有效，那么这些技术还会继续被现有的寡头们所共同垄断，寡头们可以继续凭借这种垄断地位获得垄断利润。

但是如果一方采取措施控制技术外溢，而其他寡头没有采取控制措施，或者主动进行技术外溢，那么技术还是会传播出去，因此控制技术外溢一方在控制上所有的花费都是利润的损失。如果各寡头都采取了控制技术外溢的做法，假如措施无效或效果不好，同样会带来损失。因此，对于一些技术外溢是否进行控制，或者控制程度的选择上，寡头们存在矛盾心态。本书接下来通过博弈模型来具体分析寡头们的这种行为。寡头们的这种矛盾的态度是本博弈模型建立的主要依据。本模型可以称为技术外溢控制困境模型（见表4－1）。

表4－1　技术外溢控制困境模型

甲＼乙	不控制	控制
不控制	(－4，－4)	(5，－9)
控制	(－9，5)	(3，3)

① 这里及后文出现的技术外溢包括狭义的技术溢出和寡头们主动传播的一些技术，但是范围又小于广义的技术溢出。

假设局中人仅有两个，分别是东道国的寡头厂商甲和寡头厂商乙，可以用支付矩阵来描述这一博弈。这个矩阵由 2 行 2 列组成。其中，行用来表示局中人甲，列用来表示局中人乙。局中人甲有控制（技术外溢）和不控制（技术外溢）两个策略，分别写在矩阵的左侧；同样局中人乙也有控制（技术外溢）和不控制（技术外溢）两个策略，分别写在矩阵的上方。

从以上支付矩阵中可以看出，甲和乙的占优策略都是不控制，因此，本博弈存在唯一个占优均衡（不控制，不控制）。这是单次技术溢出的博弈分析，如果技术溢出是一个重复发生的行为的话，运用博弈分析会出现什么结果？由于甲和乙是寡头，在现实中，能够成为一个行业的寡头，往往是规模很大集中了众多出资人的资金的企业，因此将甲和乙假定为公司制企业是合理的，公司制企业由经理人根据其和委托人签订的契约而进行经营管理（包括技术外溢的控制方面），契约几乎都是有有效期的。所以如果这种博弈是重复的，那么应该是有限次重复博弈。在每个博弈阶段，局中人均采用不控制策略是这种重复博弈的唯一子博弈完美均衡。也就是说，这种技术外溢会持续发生下去，投资国企业能够持续从甲和乙的博弈中获得技术外溢。

三、动因分析

本部分假定存在一个进行技术寻求型对外直接投资的企业，分析了其动机和行为，以及通过获得技术溢出而为企业带来的利益。

还涉及了一个企业获得技术溢出能够为相关企业带来利益的技术溢出乘数，也谈到了政府在技术寻求型对外直接投资中的作用。考虑过运用代数方式，但是运用算术方式可以将技术寻求型对外直接投资厂商的投资动机、行为、获得技术进步的利益、行业影响、政府作用描述得更加通俗，易于理解。

假设A是技术落后国家，B是技术先进国家，丙是A国的厂商，准备去B国进行技术寻求型直接投资，并且是绿地投资（其他建立方式的分析也类似）。假定丙在B国进行直接投资，新建工厂需要花费的建厂成本是1000，而相同规模的工厂在国内的建设成本是400，在国外能够获得技术溢出，在国内则不能。假定在国内和国外投入建厂成本外的其他成本相同。技术溢出能够使每个产品的单位成本下降1个单位。在下一年由于新技术的出现，这部分获得的溢出消失，但是又可以获得新的技术溢出，同样的作用是使每个产品的单位成本下降1。项目建成后，每年生产的产品数量为100，贴现率为0，项目建设时间为0，母公司和各子公司之间转移技术的时间为0。分如下四种情况对丙的投资行为进行分析。

（一）东道国子公司获得技术溢出条件下厂商动机、行为分析

在国外项目运营的每一年都可以带来100×1=100个单位的成本节约，也就是增加了100个单位的利润。在项目运营的第6年时，可以带来总共600×1=600个单位利润的增加，在这一年就弥补了在B国进行直接投资所带来的额外增加的建厂成本。假设项目运营期为10年，则比相同规模的国内投资多带来400个单位的利润。技

术寻求型对外直接投资会发生。

如果从第2年才开始获得，那么在运营期为10年时，在项目运营的第7年时，才能弥补在B国进行直接投资所带来的额外增加的建厂成本；在项目结束时，比相同规模的国内投资多带来300个单位的利润，也会发生技术寻求型对外直接投资。如果是从第3年才能获得技术溢出，那么项目运营第8年时，才能弥补在B国进行直接投资所带来的额外增加的建厂成本；在项目结束时，比相同规模的国内投资多带来200个单位的利润。还会发生技术寻求型对外直接投资。如果是从第4年才能获得技术溢出，那么项目运营第9年时，才能弥补在B国进行直接投资所带来的额外增加的建厂成本；在项目结束时，比相同规模的国内投资多带来100个单位的利润。这样也会发生技术寻求型对外直接投资。如果是从第5年才能获得技术溢出，那么项目运营第10年时，才能弥补在B国进行直接投资所带来的额外增加的建厂成本；在项目结束时，和相同规模的国内投资带来的利润相同。这样可能发生也可能不发生技术寻求型对外直接投资。

但是在项目运营第5年以后才获得技术溢出，那么进行技术寻求型对外直接投资反倒会使利润低于国内的相同规模的投资项目。因此，不会发生技术寻求型对外直接投资。如果项目的运营期不满6年，如运营4年，则在国外进行技术寻求型直接投资会使相同规模项目建设在国内利润减少200个单位，则技术寻求型对外直接投资是不可能发生的。必须运营期在7~10年甚至更长时才具备发生技术寻求型对外直接投资的前提条件。

（二）母公司通过东道国子公司获得技术溢出条件下厂商动机、行为分析

如果A国国内母公司通过B国子公司在B国子公司建立的第1年也获得了技术溢出，同时假定母公司的生产能力也是每年100，则在此技术运用的第3年就已经收回了在B国额外增加的建厂成本。假设项目运营期为10年，则在项目结束时，比相同规模的国内投资多带来1400个单位的利润。因此，会发生技术寻求型对外直接投资。

如果母公司在生产的第1年就将此技术转移给其在C国的另外一家子公司（年生产能力同样为每年100），则在第2年就收回了在B国建厂额外增加的成本。在项目运营期结束时，能比相同规模的国内投资多带来2400个单位的利润。因此，会发生技术寻求型对外直接投资。

如果B国子公司不是从第1年就能获得技术溢出，而是从第2年才开始获得，并且A国国内母公司通过B国子公司在B国子公司建立的第2年也获得了技术溢出，再有母公司在B国子公司建立的第2年就将此技术转移给其在C国的另外一家子公司（年生产能力同样为每年100），那么则在第3年就收回了在B国建厂额外增加的成本。同样，在项目运营期结束时，能比相同规模的国内投资多带来2100个单位的利润。因此，会发生技术寻求型对外直接投资。如果B国子公司、母公司和其他子公司获得技术溢出的年份在第2年以后，情况分析和上一部分的分析类似。

还有一种情况是B国子公司获得了技术溢出，但是没有当年就

向母公司和其他子公司转移，而只是自己使用，溢出的年份拖后，具体分析如下：

如果B国子公司在建立的第1年就获得了技术溢出，而A国国内母公司通过B国子公司在B国子公司建立的第2年才获得技术溢出，并且在B国子公司建立的第2年将此技术转移给其在C国的另外一家子公司，那么则在第3年第8个工作月就收回了在B国建厂额外增加的成本。在项目运营期结束时，能比相同规模的国内投资多带来2200个单位的利润。因此，会发生技术寻求型对外直接投资。

下面几种情况假定获得的技术溢出不会贬值和消失，并且整个项目延续期间技术溢出的价值都是由第1年B国子公司带来的，并且假定技术溢出带来的价值不贬值，以后没有再获取新的技术溢出。如果B国子公司在建立的第1年就获得了技术溢出，而A国国内母公司通过B国子公司在B国子公司建立的第2年才获得技术溢出，并且在B国子公司建立的第3年将此技术转移给其在C国的另外一家子公司，那么则在第3年就收回了在B国建厂额外增加的成本。在项目运营期结束时，能比相同规模的国内投资多带来2100个单位的利润，则会发生技术寻求型对外直接投资。如果B国子公司在建立的第2年才获得了技术溢出，而A国国内母公司通过B国子公司在B国子公司建立的第4年才获得技术溢出，并且在B国子公司建立的第6年将此技术转移给其在C国的另外一家子公司，那么则在第5年就收回了在B国建厂额外增加的成本。在项目运营期结束时，能比相同规模的国内投资带来1500个单位的利润增加，则会发生技术寻求型对外直接投资。如果母公司和其他子公司获得技术溢出的时间延后而和上述还不同，也可如上述方法类推。

（三）母公司在国内向相关企业进行技术溢出的乘数效应

一方面，母公司会通过主动的方式将其在 B 国子公司获得的技术溢出向其他子公司进行传播。另一方面，母公司的国内同行、上下游企业和相关企业也会得到技术溢出，但是这种溢出会随着地理距离的渐远和行业关联度的降低而减少。如前所述，母公司从 B 国子公司得到的技术溢出体现在单位产品上的价值是 1，假定它以 0.9 的比率向其他企业进行外溢；得到这一技术的企业再继续以 0.9 的比率向外溢出，按照这一比率无限地进行下去，最后一个单位产品技术溢出的价值会变成多少？可以根据无穷等比数列的求和公式来计算。单位产品技术溢出总价值 $=1/(1-0.9)=10$。

（四）政府在技术寻求型对外直接投资中的作用

假设这个项目在 B 国建成后只能运营一年，其他条件相同，那么即使 A 国母公司、B 国外子公司、C 国子公司同时生产，并且都获得了技术溢出，也只能收回多投资在 B 国的额外 600 个成本中的 300 个单位，因此，丙不会进行技术寻求型投资。如果政府通过某种方式进行支持，如对丙提供了 400 个单位的对外直接投资资金支持，则丙会对 A 国进行技术寻求型直接投资，因为收益高于在国内投资。

单从政府方面看，损失了 400 个单位。但是如果考虑母公司向相关企业进行技术溢出的乘数效应，则母公司 100 个单位产品的生产在国内最大可能带来 100 × 10 = 1000 个单位的技术溢出价值，再考虑 C 国的子公司的获益情况（其可以多获得 100 个单位的技术溢出价值），从国家整体看，政府的支持政策使国家整体利益上升 1000 - 400 + 100 = 700 个单位价值。因此，政府应该对技术寻求型对外直接投资进行支持。

四、小结

通过上面的模型和分析可以看出，从国家整体看，在全球化的条件下，开放可以提高一国的创新增长率，但是如果只存在国际贸易，而没有技术溢出，会使发展中国家的创新增长率下降。而实际情况是国际贸易几乎将世界上所有的国家和地区卷入其中，所以为了避免技术创新能力的削弱和丧失，要发展技术寻求型对外直接投资。此外，从技术寻求型对外直接投资的微观主体看，作为寡头的技术供给者由于对其他寡头方是否采取控制技术外溢的措施难以判定，通过博弈而对一些技术进行主动传播，加之非主动传播而使技术外溢不可避免，这构成了技术寻求的外部条件。作为技术学习者，虽然短期内可能会有利润损失，但在长期内却能获得超过仅在国内扩张生产的利润。

通过引入技术溢出乘数，使我们能清晰地认识到，一个企业的技术寻求型对外直接投资不但能为自己带来技术进步，也能将技术进步传播给其他相关企业，其他相关企业得到的好处可能更大，这是一种外部性。可能一个企业技术寻求型对外直接投资获得的利益不足以弥补其成本而促使其投资，但是由于这种外部性，投资带来的社会收益却远大于该企业的投资成本，从一个国家或行业的整体角度来看这个企业的对外直接投资是可行的。对于这种外部性较强的技术寻求型对外直接投资，政府应该发挥自己的作用，从各个方面进行支持和扶植。

第五章　技术寻求型对外直接投资逆向技术溢出的机制
——技术获取阶段企业层次子机制

技术寻求型对外直接投资逆向技术溢出机制可分为国外技术获取阶段部分和国内技术传播阶段部分，国外技术获取阶段和国内技术传播阶段的机制构成是相同的，因此，在本书中仅对技术寻求型对外直接投资逆向技术溢出机制国外技术获取阶段的机制构成进行研究。本书中，首先将技术寻求型对外直接投资逆向技术溢出机制分为企业层次子机制、产业层次子机制和国家层次子机制，然后再分析各子机制所包含的二级子机制和三级子机制。技术寻求型对外直接投资逆向技术溢出的机制—技术获取阶段企业层次子机制包括如下八个二级子机制：内部技术转移机制、外围研发剥离机制、并购研发资源获得机制、合资与联盟的资源整合机制、人力资本价值激励增值机制、海外人力资源利用机制、收益反馈机制、时区差导致研发任务接力机制。其中合资与联盟的资源整合机制还可以分解为七个三级子机制。

由于不同类型的技术寻求型对外直接投资企业获得技术溢出的方式不同，比如生产性企业和研发机构获得技术溢出的机制不同，新建和并购获得技术溢出的机制不同，合资和独资企业获得技术溢出的机制不同，因此假定存在一个特殊的企业主体。这个企业的建立方式包括两个，一个是合资新建，另一个是并购；这个主体自身设有研发机构，还和一些产学研部门组成了战略联盟；它既生产中间产品，也生产最终产品。因此，它获取技术溢出的机制的构成要素较为全面，其他类型主体的获取机制都是这个机制的一个组成部分，它拥有如下八个二级子机制。下文中所提到的例子中的企业也许不完全符合这个主体的特征，但是，其行为能够解释其对应的机制。

一、内部技术转移机制

内部技术转移机制是企业层次最主要的机制，这个机制主要和企业的内部治理和管理模式有关。这一机制连接两个阶段，在技术国内传播阶段同样发挥作用。跨国公司内技术转移围绕全球研发中心可以分为三种基本类型：第一类是从全球研发中心向其他机构进行的技术转移，其主要目的是为了支持它们的研发活动或者生产活动；第二类是从其他机构向全球研发中心进行的技术转移，主要目的是支持研发中心的研发活动；第三类是除全球研发中心之外的其他机构之间的技术转移，目的是支持生产活动和研发活动。此外，从技术利用角度看，技术转移的过程主要由两个阶段组成：一是使

连接断开，这就把技术从产品中抽离出来，成为一个独立因素。二是将分散的技术单元通过产品进行链接，协同使用不同的技术单元而促成新的产品或新的服务出现。

跨国公司内部技术转移机制发挥作用的影响因素可划分为两类：一类是技术本身的因素，主要是指母子、母分公司之间和各子、分公司之间技术的关联度，技术关联度越高，技术转移越频繁。另一类主要则是非技术本身的因素，即正式组织结构的正式联系，各分散单元的非正式联系、地理距离和文化差异等。对于一般性知识来说，弱联系对促进跨国知识转移足够了，而对于复杂知识来说，正式组织结构和正式协作协调关系的作用则十分显著。地理距离的加大和文化差异过大不利于进行技术转移。

二、外围研发剥离机制

外围研发剥离机制是指母公司通过对外直接投资，将非核心业务的研发转移到海外，将主要精力、人员和财力集中于核心技术。对外直接投资可能引起母公司研发投入的减少，使母公司的研发水平下降，但如果对外直接投资的项目是外围技术，那么反而可能增加核心业务上的研发能力。被剥离的外围技术又可以利用国外的优质研发资源。这样既强调了主营业务和核心技术的开发，又没有将外围技术完全放弃，保留了获得外围技术突破而带来的收益的可能。

下面的例子证明了这一机制的作用。2011 年第三季度，中兴通讯巨亏 17 亿元，为了能够扭转亏损局面，中兴通讯采取了一系列措施，包括多次出售非核心业务子公司。2011 年 9 月，中兴通讯出售了中兴特种设备有限公司 68% 的股权，投资收益为 3.6 亿 ~4.4 亿元。11 月，中兴通讯又出售了所持下属子公司长飞投资的股权，投资收益为 4.5 亿 ~8.5 亿元。

2012 年，中兴通讯同样做出了剥离非主营业务的行为。中兴通讯为了满足战略发展的需要并促进主营业务发展，其及全资子公司中兴香港分别与基宇投资于 2012 年 12 月 28 日签署了《关于转让目标公司 65% 股权之股权转让协议》及《关于转让目标公司 16% 股权之股权转让协议》，中兴通讯公司及中兴香港向基宇投资出售与其直接和间接持有的中兴力维合计 81% 股权。这使中兴通讯公司 2013 年的投资收益增加了 8.2 亿 ~8.8 亿元，增加了本公司营运资金，支持了主营业务的发展。[①] 自然也支持了主营研发的发展，剥离了外围研发。

三、并购研发资源获得机制

并购研发资源获得机制，主要强调并购时一次性获得资源。而合资与联盟的资源整合机制则是在合资企业和联盟的整个存续期间都发挥作用。以下的收购行为对并购研发资源获得机制进行了阐释。

墨西哥 Empress La Moderna（ELM 公司）于 1996 年收购了当时世界第四大农业生物技术公司——美国 DNA Plant Technology（DNAP）70% 的股份，并将这家公司与其所属的番茄生产流通企业

① 中兴通讯网站。

Bionova 合并，设立 DNAP Holding 公司，这样 ELM 便拥有番茄育种采种、委托栽培、包装和流通等番茄产业的完整产业链。ELM 公司还重组了进行抗病毒性南瓜研发的美国 AsgrowSeed、英国 Zenca 和进行番茄技术研发的美国 Petoseed 公司等。技术获取型 FDI 使 ELM 成为美洲地区以至于全球最具竞争力的农业育种、研发、生产及流通类企业，仅 DNAP Holding 就拥有美国农业生物技术 40% 的专利。

吉利收购了沃尔沃 100% 的股权。这样吉利便拥有了沃尔沃轿车的 9 个系列产品、3 个最新平台的知识产权，接近 60 万辆产能的高自动化程度生产线，还拥有了遍布全球的 2000 多个营销网络和相关人才及供应商体系。收购整合之后，吉利的产销量和出口量都迅速增长，技术水平很快得到了大幅提升。

四、合资与联盟的资源整合机制

合资与联盟的资源整合机制有如下七个三级子机制：一是企业资源盘活机制。在企业出现资源闲置的现象时，通过合资或战略联盟，使企业资源向合作者转移。二是拓展企业资源的用途机制。通过战略联盟，有利于企业资源使用途径的多元化。三是分享企业知识资源机制。通过合资和成立战略联盟，能够实现对合作者知识资源的模仿。四是稀缺资源获取机制。五是提升企业交易资源的价值机制。在合资企业和战略联盟中，对于知识型中间产品的交易能够克服联盟外市场交易由于信息不对称所带来的低效率。六是储备企业的关系资源机制。七是研发费用分摊机制。下面对研发费用分摊机制做重点介绍。

费用分摊是指将各部门、各产品、各过程之间的共同费用进行分摊。合作研发是在科学技术日益发展、社会进步、各部门联系愈加紧密的情况下产生的研发模式。技术研究与开发的不断多样化、复杂化使仅靠一个制造商自身研发很难实现全部的目标创新结果。与此相适应，研发费用分摊成为一个重要的技术溢出方式。

费用分摊的基本程序包括：确定研发成本分摊对象；归集各对象的共同费用；选择分摊标准（如可根据产品、流程、技术类别、协商办法等进行分摊）；将共同费用分摊到成本对象中去。费用分摊可能存在一个最佳标准，首先确定分摊标准，其次计算这一标准下的分摊办法；或者可以根据各个标准计算出该标准下的分摊办法，再将各个标准下的最优分摊办法进行比较和选择。在确定分摊办法的时候，要注意遵循两个原则：一是要使费用分摊与持续的成本降低相联系，二是费用分摊应当能促进企业内部的或者联盟的合作。

分摊研发费用的合作例子列举一些如下：美大康药业与 Merc 公司、美国电话电报公司 AT&T 与 McCaw 通信公司、英国电信公司 BT 与世界通信公司 MCI、波音与通用汽车公司、Martin Marietta 与通用动力公司、能源太平洋电力公司与 Energy Group；国内的上海宝钢集团与其下游企业上海大众汽车公司合作研发激光拼焊技术；华为也曾采用分销协议和成立合资企业等形式弥补公司最初的劣势，并分摊了研发费用。

海尔全球维基的思维也发挥了这一机制的作用。海尔在日本、澳洲、美国、欧洲和中国设立五大研发中心，通过内部 1150 个接口

人，五大研发中心紧密联合5万多家一流资源，通过松耦合关系，聚集全球超过200万家一流资源，各大研发中心纵横连线，协同交互，利益共享，组成一流资源的生态圈。[①]

Mansfield（1982）对美国30家跨国公司进行调查，结果显示，由于这一机制，海外子公司为母公司节省了15%的研发经费。

五、人力资本价值激励增值机制

企业层次的溢出机制还包括人力资本价值激励增值机制。激励在管理学中是指激发员工的工作动机，即用各种方法去调动员工的积极性和创造性，使其努力完成组织的任务和实现组织的目标。美国哈佛大学的一项研究表明：按时计酬的分配制度仅能让员工发挥20%～30%的能力，但是如果激励措施足够有效的话，员工的能力可以发挥到80%～90%，60%的差距就是有效激励的作用。

按照激励发生作用的来源，激励可分为内激励和外激励。内激励是主要发挥内筹作用的激励；外激励是主要发挥外筹作用的激励。内酬是工作任务本身为员工带来的满足感，如工作内容正是员工的兴趣所在，此外还有追求成长、自我实现等。外酬是指员工在工作本身之外所获得的由于从事工作而取得的其他方面报酬所带来的满足感。美国的行为科学家弗雷德里克·赫茨伯格提出了激励因素—保健因素理论，又被称为双因素理论。这一理论认为工作本身的因素是激励因素，激励因素主要包括工作所带来的成就感、工作本身

① 海尔集团网站。

难度较大带来的挑战性以及在工作中承担较大的责任、更多的成长和发展机会等。工作环境方面的因素是保健因素，如福利和工资等。激励因素如果能具备就会对人产生激励作用。保健因素具备了并不会对员工产生太大的激励作用，但是如果保健因素没有满足员工的要求，就会产生逆激励的作用。

根据上述激励理论，如果进行技术寻求型对外直接投资的企业在国外子、分公司的工作人员的选择上适当，那么这种派出行为本身就是一种激励。例如，有的员工会认为这使他们承担了更多的责任，工作更加富于挑战，拥有更好的成长机会，是公司对自己的倍加信任和对自己人力资本价值的更大肯定。另外，对于技术寻求型对外直接投资企业来说是一个额外的红利，这些被派到国外工作的员工，还会考虑到其在一定程度上代表了母国的形象，他们在国外工作时，往往尽可能在东道国同事面前展现出自身能力和素质好的一面，并且为此而更加努力地提升自己各方面的能力。而工作和人格上的缺点也会得到一定程度的改进，或者暂时收敛以致形成习惯。这些都是国内投资所不能带来的。

六、海外人力资源利用机制

海外人力资源利用机制。发展中国家人力资本后发优势确实是存在的，主要表现在人力资本的边际回报率高，但它是潜在的。发展中国家面临一些导致贫困的自我强化机制，这样后发优势就很难有效发挥作用。这些机制包括：腐败的制度和腐败行为相互强化、

低技术水平和低人利资本投资相互强化。由于信息不对称，当工人的技术是不可观察的时候，高技术的工人可能会被当成低技术工人而支付较低的工资，这样低工资会导致低人力资本投资，而低的人力资本投资又反过来使技术水平难以提高。作为抵押品的财富少和低人力资本投资互相强化。在信贷市场上，富国比穷国拥有更多的物质财富可以作为抵押品，而穷国则没有这么多的财富作为抵押，因此不能获得足够的贷款进行人力资本投资。正是这些自我强化机制使落后国家的人力资本投资水平低，短期内难以提高。

中国2012年公共教育支出占国内生产总值的比例提升至4%，虽然有提高，但是同发达国家相比，还有一定差距。早在2001年，澳大利亚、日本、英国和美国等高收入国家，公共教育支出占GDP比例的均值就已达到4.8%。如果考虑到企业人力资本投资和家庭人力资本投资，如果再按人口平均则人均人力资本投资差距会更大。因此，对于发展中国家来说，短期内，有些人力资本在国内是不能够获得的。中国和其他发展中国家只有通过对外直接投资才能将发达国家的高素质人才为我所用。据此，在发达国家设厂或建立研发中心，员工最好以当地为主，而以派出为辅，这样才能够达到利用发达国家丰富的智力资源和较高熟练程度劳动力的目的。

七、收益反馈机制

技术寻求型对外直接投资企业在东道国的市场上可能会获得更高的效益。如果跨国公司在国外市场上获得利润后，汇回母国国内会直接支持母公司技术进步；如果留在国外子公司通过利润再投资，会直接支持子公司的技术进步，间接促进了母公司技术进步。《华尔街日报》2013 年进行过一项美国对外直接投资企业的海外利润留存情况调查，有 60 家大型美国公司成为调查对象。调查结果表明：在 2012 年，这 60 家企业在海外的留存利润超过了其年度总利润的 40%，合计达到了 1660 亿美元。这 60 家大型美国公司中有 26 家从事科技和医疗保健行业，他们的海外利润留存更多，在 2012 年总计达到 1200 亿美元，占其总利润的 75%。一个极端的例子是强生公司。强生公司称，截至 2012 年 12 月 30 日，该公司海外现金及现金等价物留存为 148 亿美元，而该公司的现金总额才仅为 149 亿美元。

留存在海外的利润的一部分被用于建立海外工厂和购买设备。沃顿商学院在 2012 年的一项研究表明，美国公司海外利润中有 43% 为现金，其余则几乎用于海外投资了。霍尼韦尔 2012 年由海外子公司持有的准备用于海外投资的未纳税利润增加 35 亿美元，达到了 116 亿美元。[①] 这些投资直接促进了海外子公司技术水平的提升，间接促进了美国母公司技术水平的提升。

中兴通讯 2013 年在大陆的营业收入为 356.36 亿元，仅占其营业收入的 47.4%，而其余的营业收入都是在海外市场获得的。[②] 海外市场获得的利润多以海外投资的形式取得，很多利润就可以用于再投资，同样发挥了收益反馈机制的作用。[③]

① 网易财经。

② 中兴通讯网站。

③ 相关内容还可参阅本书第八章第一节部分。

八、时区差导致研发任务接力机制

由于跨国公司进行海外布局，使不同的研发中心或分、子公司处于世界不同的地方。如果时区相差较多，在某一时区的研发人员开始休息时，其他时区研发人员正开始工作，通过信息传递系统，进入休息状态的研发机构可将研发任务传递给开始工作的其他时区的研发人员，这样可以不间断地连续工作，通过空间转换而将工作时间连接起来，能够缩短研发任务完成所需要的日历时间。但是，如果投资项目都在一国之内，或者海外投资的地点与本国时区相差不多，则这一机制不易发挥作用。

鸿海集团在欧洲、亚洲、美洲都设有研发机构和工厂，克服地域上的距离似乎是一个不太好解决的问题，但是鸿海集团却让这一距离障碍变成了优势。例如，对民用产品机壳模具的设计过程是这样安排的。他们把整个模具开发流程加以精确分解，由各地团队跨地协作。一般来说，民用产品机壳的模具的设计和制作通常需要一到一个半月的时间，但是按照鸿海集团的做法，时间大大节省了。以美国芝加哥和中国深圳研发中心为例，深圳与芝加哥的时差为 13 个小时。芝加哥研发中心距离客户近，他们于 1 月 1 日取得订单，即开始进行模具研究并完成模具的初步设计，于 1 日晚 8 点通过互联网将初步设计方案送至中国深圳研发中心；深圳研发人员 10 月 2 日上午 9 点（美国芝加哥时间为 1 日晚 8 点）收到设计方案和指令后开始进行 2D、3D 模块细节设计并编写自动化程序，于当日晚 9

点通过互联网发送至芝加哥研发中心；芝加哥研发人员于 1 月 2 日上午 8 点收到深圳方面的设计和指令后便开始进行机械程序设计，于当晚 8 点将进一步的方案发送至深圳研发中心；深圳项目人员收到信息后将相关模块结合并进行优化处理设计，于当日晚将最终设计结果发送至芝加哥研发中心；芝加哥项目人员收到后即在模具加工中心进行加工，模具制作出，项目完成。全程仅需 48 个小时。

海尔集团在青岛、北京、首尔、东京、米兰、洛杉矶设立了综合研究中心；在首尔、大阪、洛杉矶、南卡、慕尼黑和米兰等地设立了全球设计中心；在中国香港、中国台湾、新加坡、巴基斯坦、纽约、蒙特利尔、巴西、巴黎、法兰克福、米兰、悉尼、突尼斯、开普敦、迪拜设立全球信息中心。这些机构跨越了多个时区，可以使海尔将这一机制的作用发挥得淋漓尽致。

九、小结

本章的技术进步效应机制主要存在于进行技术寻求型对外直接投资企业内部及其联盟，因此这一子机制对于提高获取技术溢出的效率发挥作用的程度主要取决于内部经营管理。其中一些机制对于企业进行技术寻求型对外直接投资的实际操作具有指导意义，如人力资本价值激励增值机制使投资企业母公司在考虑国外子公司工作人员时，选择那些乐于表现自己的，乐于接受具有挑战任务而又具有一定工作能力的员工。此外，时区差异导致研发任务激励机制可以为一些企业在进行技术寻求型对外直接投资区位选择时提供了有

益的参考，在其他条件都相似的时候，时区的适当差异是一个可以考虑的因素。对中国企业来说，利用这一机制有一些先天的优势，如中国和欧洲、北美的时区差异使这一机制易于发挥作用。其他机制也能为企业的技术寻求和其他方面的经营管理提供有益的参考。

第六章　技术寻求型对外直接投资逆向技术溢出的机制

——技术获取阶段产业层次子机制

技术寻求型对外直接投资逆向技术溢出的机制——技术获取阶段产业层次子机制包括以下四个二级子机制：竞争效应机制、从上下游企业获得技术溢出机制、中间产品和技术购买便利和成本节约机制、最终消费者作用机制。其中，竞争效应二级子机制还可再分为模仿追随机制和竞争压力促进机制两个三级子机制。三级子机制模仿追随机制又可再分为直接学习机制、行为观察技术猜测机制、逆向工程作用机制三个四级子机制。

一、竞争效应机制

（一）模仿追随机制

模仿追随是指企业不以抢先研究和开发新技术、新产品作为技

术战略方向，而是采取技术追随发展的战略方向，避免技术上被边缘化和被市场淘汰并取得进一步发展的机会。

具体说来，技术模仿追随战略能够在以下四个方面为企业带来收益：

第一，有利于追随企业减少生产经营中的风险。作为技术引领者，无法回避一些特定的风险。例如，新技术和新产品的研发能否成功不易确定、新技术生产的产品和新产品的市场需求不能确定、技术突变等。如果发生技术突变，其他竞争者研发出了跨越式的技术或新产品，则原有研发路径依赖下的本企业的研发成果一文不值，而技术追随者却能够避免或减少这些风险。

第二，有利于追随企业改善技术结构。追随者企业通过引进先进技术并进行消化、吸收和改造就能改变原有的技术结构，促进技术结构升级。

第三，有利于追随企业节约成本。追随者企业可以把用于新技术和新产品研发的部分费用用来购买同类技术，这几乎都会比同类技术和产品的自主研发更加节省费用和节省时间。

第四，有利于追随企业根据市场供需情况，即时地引进技术，灵活调整生产方向和规模。如果某一产品市场供需状况明朗，有较大的市场需求空间，那么追随企业就可以及时引进技术、迅速调整生产，而率先行动者的技术易于老化。

企业进行技术追随主要通过直接学习机制、行为观察技术猜测机制和逆向工程作用机制发挥作用。

1. 直接学习机制

出于战略考虑或者交换信息等想法，领先者在追随者的要求下，有时候会提供部分技术给追随者。

技术领先者有的时候会直接向技术追随者提供显性技术的有关资料。有的时候，领先者会带领技术追随者进入到其工作现场，为其提供感官素材，为其对某些技术进行示范或者讲解。这种方式传播的技术，既有隐性技术，也有显性技术。隐性技术必须通过这种现场学习的方式才能被学习者所掌握，显性技术通过这种方式可以更加迅速地掌握或者免费地学习到。技术领先企业也可能到中国投资企业的工作场地进行现场技术指导。

2. 行为观察技术猜测机制

相同产品生产商即使不能亲临竞争对手的工作现场，也可以从其他可观察到的竞争者的行为中，通过猜测而获取其技术。例如，被追随者原材料的改变，使用的机器设备的变化，生产流程的变化，厂房的变化，甚至是工作人员的变化，公司的刊物都可能让内行的竞争者嗅出其中的奥妙。下一事例是通过行为观察而猜测到生产能力的一个案例，对于技术也可以采用类似的方式进行猜测而获得。

20 世纪 60 年代，中国大庆油田的位置、规模和加工能力是严格对外保密的，日本企业为了与中国做成石油设备的交易，迫切想知道中国大庆油田的位置、规模和加工能力。为此，日本经济情报部门从中国公开的信息中收集了大量的、有用的经济情报，从而确定了大庆油田的地理位置、规模和加工能力。

3. 逆向工程作用机制

一般的新产品的产生过程是一个从设计到产品的过程，这要求设计人员首先在大脑中构思产品的外形、结构、功能和技术参数等，然后完成各类数据模型，再将这个模型转入到研发流程中，这是

"正向设计"过程。

逆向工程是一种产品设计技术再现过程，源于商业及军事领域中的硬件分析。其将产品通过拆分等方式进行逆向分析及研究，得出该产品的结构特点、功能特性、技术规格及处理流程等设计要素后加以仿制。其主要目的是在不能获得必要的生产信息的情况下，从成品分析、推导出产品的设计原理。逆向工程的作用是：第一，产品的设计、开发周期缩短，更新换代速度加快；第二，开发新产品的成本与风险降低。这就可以以更少的代价促进技术进步。通过对外直接投资实施逆向工程比通过进口实施逆向工程节省时间，而且会更利于选择适合地进行逆向工程的对象。下面的事例证明了逆向工程的作用。

从 2003 年开始，中国铺设了超过 1.6 万千米的高速铁路，是世界高速铁路总长度的一半以上。2005 年 10 月，中国铁道建筑总公司、中国机械进出口总公司、土耳其 Cengiz 建筑公司、IC Ictas 建筑公司组成的联合体，成功竞得安卡拉至伊斯坦布尔高速铁路二期工程（以下简称安伊高铁二期）。2014 年 7 月 25 日，安伊高铁通车。土耳其希望与中方在高铁领域进一步深入合作。

目前中国已掌握了世界标准铁路技术，将技术输出海外成了中国"走出去"战略实施的一个重要内容，中国高铁具有技术成熟、价格较低、融资条件优惠、实际筑路经验丰富等竞争优势，在世界市场上竞争力较强。中国希望能够借此提升其在制造业的价值链地位。追本溯源，中国高铁技术的成长最初来源于逆向工程。中国高速铁路的建设和发展是通过购买日本川崎重工、德国西门子、法国阿尔斯通和加拿大庞巴迪等公司的火车和技术而起步的。中国工程师们对这些技术实施逆向工程操作，进行消化、吸收和再创新，其发展过程是从初级、外围的产品逐渐渗透到高级、核心的产品上去的，以致形成了今天在高铁技术上的竞争优势。

（二）竞争压力促进机制

进行技术寻求型对外直接投资，一般会面对比国内更为强大的竞争对手，投资企业会有更大的压力，因此会加强自主研发和各种经营能力的建设。为了能够更好地发挥这一机制的作用，中国的技术寻求型厂商必须做好竞争者的分析。这里的竞争者包括上述技术追随机制中所提到的学习对象，但是上一个机制中，提到这一对象是侧重于向其学习，而这里提到这一对象主要是为了与其竞争，当然还包括了其他的竞争者。

竞争者分析可从行业、市场角度和企业所处的竞争地位进行划分，但是从获得技术溢出的角度来看，最重要的划分是从企业所处的竞争地位来划分，按照这个角度来划分，竞争者的类型有：第一，市场领导者，即在某一行业占有最大市场份额的企业。例如，可口可乐公司是软饮料市场的领导者，宝洁公司是日化用品市场的领导者。市场领导者通常在产品开发方面处于主宰地位，是整个行业技术学习的对象，是其他厂商最强大的竞争者。第二，市场挑战者。这是一些在行业中市场份额处于第二、三或者位次更低，但是市场份额较大、其行为对行业有较大影响并不安于其现有地位，向市场领导者地位进行冲击的企业。例如，高露洁是日化用品行业的挑战者，百事可乐是软饮料行业的挑战者。他们也有较强的新产品开发能力，也是重要的学习对象和强大的竞争者。第三，市场追随者。

他们在行业中地位和影响又次于市场挑战者的企业，他们数量最为众多，并且在技术上执行追随市场领导者和市场挑战者的战略，安于目前的市场地位。市场追随者在技术方面不做新技术的开发者和率先使用者，而是做技术的学习者和改进者。与此相适应，在营销方面，市场追随者也不做新市场的开拓者，而是希望搭乘市场领导者和市场挑战者的“便车”。中国技术寻求型对外直接投资企业大多数处于市场追随者的地位，可以通过追随的方式不断提高自身技能发展壮大。其他的市场追随者一般说来不会成为中国技术寻求型企业的主要学习对象，他们是中国企业的主要竞争对手。第四，市场补缺者。一般来说是行业中比较弱小的一些企业，他们的市场着眼于被大企业忽略的一些细小部分，在这些小市场上通过更加专业化程度的经营生产和提供某种具有特色的产品和服务，在大企业的夹缝中求得生存和发展，可能发展成为“小市场中的巨人”。这是中国技术学习者的一个较好的发展方向，既能够学习借鉴技术领先者的技术，又能够获得较高的利润和更好的发展机会。这种方式难度较大，主要是由于文化差异和现实中的一些制度政策的限制，使中国企业不大易于在国外的经营环境中发现该独具特色的市场。市场补缺者不易成为中国技术寻求型对外直接投资企业的主要竞争对手。

二、从上下游企业获得技术溢出机制

企业通过产业关联效应也能为其带来技术溢出。这里的上下游企业都处于一个产业内。产业关联效应指的是一个企业的技术、产品产量、产品结构、产品质量等方面的变化对其他相关企业产生的直接和间接的影响，可以分为前向关联效应和后向关联效应。前向关联效应是指某企业的活动能通过影响下游企业的投入成本、投入品质和数量而促进下游企业的发展，或为新的工业活动的兴起创造基础。后向关联效应是指通过对其他企业的产品的需求而对其上游企业的技术和经济发生的影响。在东道国进行直接投资几乎不能避免从当地采购原料、燃料和中间产品，也几乎不可避免要将生产的产品卖给下游厂商和最终消费者。这样便形成了和上下游企业之间的联系，这两种关联都能为投资企业带来技术溢出。

在后向关联中，对外直接投资企业通过购买东道国的原材料、中间产品和其他服务而形成了配套关系，在配套协作中，含在提供品中的技术就会外溢给进行技术寻求的外资下游企业。具体的溢出方式有：供应商会帮助这些外国投资者建立生产性设施；为其主动示范技术，为其提供技术帮助或信息服务；帮助其改善供应商品的质量或促进其创新活动；提供组织管理上的培训等。

在前向关联中，技术寻求型对外直接投资企业为下游企业提供原材料、中间产品和服务而形成配套关系，这样的配套关系中的供给也能获得下游企业的技术溢出。表现在：为满足下游企业的质量要求，企业会强迫自己改善产品性能，改进生产工序，加强研发。下游企业还可以为企业提供技术和产品性能改进方面的有益建议，也能够提供技术支持。例如，海尔通过与供应商深度交互，实现模块化解决方案。供应商参与用户交互和前端设计，根据海尔提供的模块接口，形成模块化解决方案。众多世界500强企业，积极参与

深度交互，为海尔提供了国际领先的解决方案。[①] 这表明海尔利用这一机制，从上游企业获得了技术溢出。

三、中间产品和技术购买便利和成本节约机制

中间产品和技术购买便利和成本节约机制。由于地理距离靠近，商业制度相同，技术寻求型对外直接投资企业能够更方便、更迅速、更节省成本地从一些企业、研发机构、高校和个人手中购买到品种更多的、质量更高的机器设备，也更易于进行许可贸易，还可以将风险控制在尽可能低的水平上。

例如，海尔在日本、澳洲、美国、欧洲和中国布局五大研发中心，以五大研发中心为基本节点，通过兼并、收购、联合等手段整合世界一流的研发资源。如日本研发中心并购三洋研发中心，澳洲研发中心整合斐雪派克研发机构都发挥了这一机制的作用。[②]

四、最终消费者作用机制

（一）最终消费者作用机制的研究意义

第一个方面，研究消费者行为能够指导设计新产品和改进现有产品。在设计新产品的时候，一个企业必须明确确定该产品的消费

①② 海尔网站。

者是谁，新产品能够满足他们什么样的需求。另外，研究消费者行为也能够用于指导现有产品的改进，随着时间的推移，消费者的需求会发生一些变化。如果不及时跟上这种变化，不了解消费者对现有产品的不满和新的更高的要求，可能会使已有的消费者失去。第二个方面，研究消费者行为有助于制定出更加有效的市场营销策略，有利于制定出更加有效的商标、包装、价格、广告、细分市场、销售渠道等方面的策略。

中国进行技术寻求型对外直接投资的东道国国家和地区多数为发达国家和地区，发达国家和地区的消费市场和消费者更加成熟，消费者权益保护制度也较为完善，因此消费者对于消费品有更多不同的、更高的要求。因此，进行消费者行为研究意义更为重大。

在进行技术寻求型对外直接投资中，作为技术学习者来说，一般只执行跟随战略就可以了，但是并不排除根据自身的研发能力和市场信息进行新产品的开发，这就必须明确新产品的消费者，明确他们的哪些需求没有得到满足或者满足的程度不够。即使执行跟随战略，也应该对消费者的行为有准确的认识，即使技术水平相同，但是在价格、包装上等的变化也能为企业带来更多的利益。甚至技术水平暂时落后，但是找到了合适的子市场，也可能获得较好的利润和成长机会。

（二）最终消费者作用机制的实例

在技术寻求型对外直接投资项目的经营中，一些在本国不大需要考虑的额外因素必须加以考虑。每个国家和地区经济发展水平不一样，文化传统、风俗习惯、生活方式也存在较大的差异。例如，中国和日本都将红色视为喜庆的象征，如果到了瑞典和德国红色却变成了不祥之兆，这就要求在产品设计上充分地进行考虑。除产品本身的颜色外，在产品的相关图案设计上也应该注意扬长避短，例如，西方人对八卦与阴阳图完全没感觉，中国人却往往认为它和道教有关，进一步则可能与养生和武术等联系起来；韩国人则把它作为喜爱的标志。善于发现东道国消费者行为的特征，尤其是发现细分化市场，能够更好地发挥消费者最终作用机制对企业技术进步和效益的影响。

例如，海尔在开发小冰箱和法式对开门冰箱时就是根据市场细分的思想而获得成功的。根据细分市场的特征，海尔设计生产出了小冰箱和法式对开门冰箱。美国大学生宿舍的人均居住面积较小，不适于放置通常所用的大冰箱，但是由于生活习惯和实际生活需要又离不开冰箱，这就引发了对小型冰箱的大量需求。海尔将大学生的独特需求作为目标市场，设计生产了体积小的冰箱，而且在小冰箱上还设置了折叠台面，冰箱同时又是电脑桌，这就更加节省了空间。因此海尔在小冰箱市场取得了竞争优势，提高了技术水平，获得了较好的效益。而在中国国内由于收入水平和消费意识的限制，大学生群体还不具备对小型冰箱的需求。正是因为这种更高的要求，促使海尔去开发新产品，在这一过程中，增强了技术优势。对开门冰箱的成功也是在美国消费者独特的、更高的要求下开发出来的。

此外，海尔与用户深度交互，丰富产品设计创意也利用了这一机制。目前海尔通过在全球的600多个云交互的网络入口，吸引用户深度参与产品前端个性化设计，每天有超过100万活跃粉丝参与海尔产品的互动，通过大数据平台，平均每天产生有效创意 200 多项，全年产生 7 万多项有效创意。[①] 这充分体现了这一机制的作用。

（三）使最终消费者作用机制更好发挥作用的建议

为了更好地发挥消费者最终作用机制，在研究消费者行为的时候，要注意考察影响消费者行为的个体与心理因素，它们主要是：需要、知觉、学习与记忆、态度、个性、自我概念和生活方式。这些因素一方面决定消费者的自身消费决策行为的特点，另一方面这些因素对外部环境与营销刺激的影响能起到放大或抑制的作用。这些因素形成了消费者的一些具体购买动机：求实动机、求廉动机、求美动机、求新动机、模仿或从众动机、求名动机、好癖动机等。这些动机不是彼此孤立的，而是相互交错、相互影响的。往往是一种动机居支配地位，其他动机起辅助作用，或者是几种动机共同发挥作用。动机组合的不同促使不同购买习惯的消费者形成，主要有以下三种类型：

第一，谨慎型的消费者。消费者在购买某种产品之前做了大量的信息收集工作，目的是了解具有相同使用价值的产品的现有各品牌的差异，从产品价格、质量、售后服务等各方面进行综合评估之后才能做出购买决策。对于这样的消费者，技术寻求型对外直接投资企业应制定策略帮助购买者掌握产品知识，宣传本品牌的优点，影响最终购买决策。有些时候对于一些价值较高的产品进行消费时，即使平时不具有谨慎消费习惯的消费者往往也会具有谨慎性消费者的特点。

① 海尔网站。

第二，随意性消费者。随意性购买者有两类：一类是消费者购买产品之前，没有广泛地收集具有相同使用功能的各品牌产品的相关信息，购买决策做出得也较为迅速。然而在购买后，他们往往会有后悔的倾向，他们会认为自己购买的产品并不合自己的心意，而认为其他同类产品的优点更多，因此，认为自己购买这一产品的决策是错误的。对于这样的消费者，企业要提供完善的售后服务，并且加强宣传使顾客相信自己的购买决定是正确的。另一类随意性消费者是指购买产品时和上一类消费者很相似，他们也不做大量的信息收集工作，也不进行谨慎的评估，但在购买后的表现不同，他们并没有表现出明显的对本次购买行为的懊悔倾向，然而在下次购买相同使用价值的产品时又转向了其他品牌。主要原因是对原来消费产品口味的厌倦，或者是想尝试一种新的口味。对于这种寻求多样性的消费者，市场领导者和挑战者、跟随者的营销策略是不同的。市场领导者可以通过占有货架、避免脱销和广告来鼓励消费者形成习惯性购买行为，而市场挑战者和跟随者则可以以各种形式的低价、免费赠送样品和广告来鼓励消费者改变原来的消费习惯。

第三，习惯性消费者。指消费者不深入收集信息和对品牌进行评估，只是继续购买自己熟悉的品牌。对于这样的消费者主要营销策略是：增加品牌差异、大量重复广告、利用价格方式。不同的行业中上述类型的消费者都存在，可以在产品开发设计和营销方面为最大比例的消费者进行更多的投入。当然，有的新产品开发和营销办法是适用于任何类型的消费者的。

五、小结

本章中企业获得技术不是侧重于从企业内部挖掘管理，而是采取措施从技术、生产上具有密切联系的竞争者、上下游厂商和消费者身上获取的。消费者的作用和下游厂商的作用比较类似，因此作为产业子机制下的二级子机制较为合理。对模仿追随机制的作用方式进行了进一步的划分，为企业明确了在技术寻求型对外直接投资中进行模仿跟随的具体可操作的学习途径。中间产品购买便利和成本节约机制可能是一些企业进行技术寻求型对外直接投资中较为容易忽略的一个因素，但是应该予以足够考虑。此外，其他机制也会对进行技术寻求型对外直接投资企业的投资决策和投资后对项目的技术管理提供有益的参考。

第七章　技术寻求型对外直接投资逆向技术溢出的机制

——技术获取阶段国家层次子机制

技术寻求型对外直接投资逆向技术溢出的机制——技术获取阶段国家层次子机制主要包括如下二级子机制：东道国宏观环境作用机制、东道国政府支持政策作用机制、投资母国政府支持政策作用机制、政府直接促成产学研合作机制、产业间作用机制、产业集群利用机制、文化碰撞激发机制。

一、东道国宏观环境作用机制

以美国为例。作为最发达的经济体和吸收外国投资最多的国家，美国投资环境具有如下优势：

第一，经济发达、市场经济制度较为完善、社会稳定。美国是一个多元文化共存的移民国家，政局稳定。美国作为一个移民国家，拥有容纳世界各地不同文化元素的习惯，众多外国人在此学习、生活、投资。美国承诺以公平和平等的方式对待外国投资者。作为世界上规模最大和发达的经济体，人均 GDP 为 4. 9 万美元，人均可支配收入为 3. 2 万美元。美国具有巨大的消费市场，其货物消费市场占据全球总量的 42%。美国还具有完善的基础设施。美国的交通运输业十分发达，美国的公路网络和铁路网络是全球最大的，美国的机场也是全球最多的。美国的货运机场按货运量来排序，有 5 个能进入到全球十大货运机场。美国的海上运输也很发达，世界上最繁忙的国际散货和集装箱装卸港口都在美国。此外，美国的市场体制、法律制度和税收体系给外国投资者充分的经营自由。政府、企业和个人比较注重信用，经济纠纷能通过法律途径公正解决。此外，美国还与 18 个合作伙伴签订了自由贸易协定，外国企业在美国投资后，便可借由美国更便利地进入相关国家市场。

第二，研发投入、技术、创新和知识产权保护程度全球领先。美国是全球创新中心。美国研发投入长期以来居于全球首位，根据巴特尔纪念研究所估算，2010 年美国研发支出为 3958 亿美元，继续保持全球第一。世界经济论坛全球竞争力指数表明，美国在创新、市场效率、高等教育、综合经商方面全球排名第一。诺贝尔基金会统计，从 2000 年以来，约 45% 的诺贝尔化学、医学、物理奖得主在美国从事其获奖领域的研究。美国也是世界上专利申请数量最多的国家之一。美国同样为外国企业在美国进行研发提供强大的知识产权保护。2011 年，在美国专利商标局授予的 24. 7 万项专利中，有 51% 的专利申请来自国外。

第三，教育、人才和劳动生产率具有优势。美国共有 4000 余所

大专院校，约5000万的美国人拥有学士及以上学位。美国大学和科研机构的在校留学生有50多万名，约占全球留学生总数的1/4。美国的非学历教育也很发达，很多社区学院为在本地投资的外国企业的员工提供量身定制的培训。据《时代高等教育增刊》报道，全球排名前10位的大学中有6所在美国。美国的劳动力受过良好教育、生产效率高、适应能力强。拥有大量的科学家和工程技术人员，产业工人素质也高。2000年以来，美国企业生产率以年均3.2%的速度增长。1992~2006年，美国劳动生产率年均增速高于西方七国集团（G7）的其他成员。

二、东道国政府政策作用机制

这一部分虽然也属于宏观环境，但是更强调政府的作用。主要通过实例来对这一机制进行阐释。全国性政策以美国为例，地方政府政策以美国、澳大利亚和德国为例来进行介绍。

（一）国家层面政策作用机制

第一，2011年6月15日，美国总统奥巴马颁布行政命令，宣布发起“选择美国倡议”，成立了由美国商务部牵头、23个部门参与的“联邦国际投资工作小组”，目的在于通过鼓励和支持在美投资，实现创造就业、拉动经济增长。美国商务部下设“选择美国”办公室，负责具体执行提升联邦层面的吸引外国投资的力度。在联邦层面，美国商务部建有介绍美国投资环境的官方网站（网址：

www.selectusa.gov）。

第二，在外资企业设立方面，美国对外国直接投资企业实行国民待遇。对外国直接投资没有专门的审批程序，没有严格限制，外国在美国投资办企业适用于所有设立本土公司的法律和法规。但美国商务部、财政部等成立的外国投资委员会有权对可能影响美国国家安全的涉外并购项目进行审查。

第三，目前美国联邦政府的投资激励政策主要包括税收优惠、资金支持、信息支持和技术协助四个方面。在税收优惠方面主要是针对一些可再生能源项目。例如，对太阳能、燃料电池、小型风力发电等项目可减少30%的企业所得税。对地热、废热发电相关项目减少10%的企业所得税。在资金支持方面已出台了10项具体的政策，主要有对清洁能源贷款担保、对创新材料和先进碳捕捉技术流程、国际科技教育、一些石油资源项目等的支持。在信息支持和技术协作方面，主要有：美国能源部、能效和可再生能源办公室负责发布支持的具体信息，并邀请符合条件的企业和机构进行申报。主要对高端制造、建筑节能、海上风电等领域的项目提供资金、场地、服务。

第四，对利润汇出的优惠政策。外资的税后利润汇出美国没有限制。[①]

（二）地方政府层面政策作用机制

1. 美国加利福尼亚州政府的支持政策

美国加利福尼亚州政府重视吸引外资，成立了商业投资局专门

① 中华人民共和国商务部网站。

负责此项工作，为外国投资者提供服务。加州商业投资促进局为有兴趣在加州办企业的公司和个人提供帮助服务，许多新办项目是在现场启动。有投资意向的企业和个人可就单个项目与地方政府洽谈。应投资方的要求，还可成立由州和地方官员组成的专门小组，利用公共资源和私有资源帮助投资者办理在加州开办企业的有关事项。此外，还有以下促进投资的相关措施。

第一，设立四类经济开发区，分别是工业园区、已关闭的军事基地重新利用发展区、促进制造业发展区和特定税率区。工业园区设置在加州经济欠发达地区，外商在这里进行投资，可享受税收减免和提供信贷优惠。设立旧军事基地重新利用发展区，该区与工业园区类似，最大的区别是税收减免的基数不一样，另外还要招募退役军人和原基地的市民。设立制造业发展区：选择加州经济欠发达地区，鼓励外资在制造业方面投资。设立特定优惠税率区：鼓励外资在特定的经济欠发达地区购买房地产，经济商业活动可获得减免税的优惠。

第二，实行研发项目的税收减免待遇。加州鼓励企业加强基础研究和开发活动，研发的税收抵免的标准是公司内部 15% 的研发费用，或公司请外部机构从事研发 24% 的费用，这一比例在全美是最高的。

第三，实行净营业亏损结转。加州税法允许各企业将本年度的亏损延转到下一年，可抵销下年度的所得。新建企业可将其在第一年的营业亏损 100% 地结转 15 年。

第四，设立发展特区。加州政府已划定三个专门园区，即新兴园区、发展特区和企业园区，在这些园区内，企业在税收减免、债券融资方面享有优惠待遇。

第五，设立对外贸易区。加州的对外贸易区是合法的保税区。

第六，实行新兴市场的税收抵免。该办法指在规定的“社区发展实业园区”内，纳税人可从联邦所得税中获得相当于资产净值的税收抵免。

2. 澳大利亚新南威尔士州政府的支持政策

澳大利亚新南威尔士州曾在上海和广州设立两个办公室，为中国的投资者提供全天候的服务。新南威尔士州政府除为投资者提供咨询服务外，还将根据投资者对该州就业和经济的促进给予资金上的帮助。

2013 年 5 月 13 日，澳大利亚新南威尔士州政府发布《新南威尔士州国际经贸参与战略书》。这标志着新州将进一步推动出口，加强与重点国家的经济贸易和投资往来。根据《新南威尔士州国际经贸参与战略书》，新州政府将成立专家顾问专门小组，就新州的贸易和投资等重大决策，为州长提供顾问建议，并参与相关活动。州政府将为外国企业在新州投资提供更便利的条件与服务，如投资计划协助、选址建议、法律、法规以及审批程序咨询等文字或电子资料服务等；同时将扩大新州和悉尼的对外形象宣传，新州将增加对重点国家的高层出访，增加针对性经贸招商等展宣活动；对外国投资提供更加便利的贸易和投资手续及服务，这对促进中国与新州的双边贸易与投资都将起到积极的推动作用。

3. 德国北威州政府的支持政策

2009 年 3 月，大连市贸促会、大连国际商会和德国北威州投资促进署共同举办的“德国北威州投资说明会”在大连举行。说明会

介绍了北威州的经济发展、投资优惠政策等，帮助大连企业捕捉商机。德国北威州投资促进署表示，北威州与大连企业在化学、电子、机械制造、旅游展览等很多领域都可以开展广泛合作。北威州期待大连企业去投资发展，投资者获得的投资补助最高可达到初始投资的50%。

北威州投资促进署还曾为投资者提供价值3000欧元的咨询礼券，用于其创建企业过程中所需的咨询开支。开设“绿色通道”简化手续办理流程，并在政府收费方面给予优惠。至2014年底，北威州投资促进署已经在北京、南京和上海、广州四个城市设立了代表处，用来促进双向投资。

三、投资母国政府激励机制

投资母国政府激励机制是指投资母国对外直接投资制度和政策上的鼓励能够节省对外直接投资厂商的时间和成本，能够增加收益，增加的收益或者通过支持政策直接流入的资金可以支持企业的研发行为和技术进步，这部分收益的增加和技术的进步是由于对外直接投资带来的，因此可视为对外直接投资逆向技术溢出机制的一个方面。

例如，为了应对亚洲金融危机，在1999年2月，国务院办公厅转发了原外经贸部、原国家经贸委、财政部《关于鼓励企业开展境外带料加工装配业务的意见》，鼓励我国具有比较优势的轻工、纺织、家用电器等机械电子以及服装加工等行业的企业到境外开展带料加工装配业务。中国政府还与许多发展中国家合作开办了海外工业园区，鼓励中国企业到海外进行直接投资。商务部还在主要出口行业选定了33家国有企业进行重点支持。

国务院2004年7月作出的《关于投资体制改革的决定》改革了项目审批制度，对于不使用政府投资的海外投资项目，区别不同情况实行核准制和备案制，使我国对外投资项目从审批制向核准制（备案制）发生转变，这一决定还划分了发改委、商务部和地方政府在对外投资核准上的职责范围。

近几年，出台了一些鼓励政策，如《境内机构境外直接投资外汇管理规定》《境外投资产业指导政策》《境外投资产业指导目录》《国别贸易投资环境报告》《对外投资国别产业导向目录》《对外投资合作国别指南》等，还建立一些基金、资金以及实行了一些税收和信贷上的支持政策等。这为对外直接投资企业的投资行为节省了时间和费用，间接促进了其技术进步。

四、政府直接促成产学研合作作用机制

政府还可以直接促成外国投资企业和当地产学研的合作。例如，2011年3月，中国科技部与新南威尔士州州政府续签了科学技术创新合作的谅解备忘录，使双方在清洁能源汽车、中医药、太阳能等领域开展了良好的合作。2011年1月，中国国家中医药管理局与新南威尔士州州政府共同支持建设的海外首家中西医结合医疗中心在悉尼北区破土动工。下一事例也表明了这一机制的作用。

2014 中国（东莞）国际科技合作周暨招才引智活动于 2014 年 12 月 2 ~5 日在东莞厚街广东现代国际展览中心举行。合作周由科技部与广东省政府共同主办，科技部国际合作司、东莞市人民政府和广东省科技厅承办。这届合作周的主题是“智慧城市、智能制造”，共设有“科技展览、高峰论坛、项目洽谈、授牌签约”四大专题，突出了 3D 打印、物联网、云计算、大数据、机器人、智能装备、移动互联、数控一代的新技术。活动期间组织了洽谈对接会：包括中韩技术转移对接、北美技术转移对接、东莞—独联体技术转移对接、中意智慧环保技术对接、创投项目路演、草根阶层创新项目众筹对接等洽谈对接会。活动同时还组织了韩国智慧城市、北美科技企业、巴西坎皮纳斯市以及 IBM、APPLE、ABB、安川等全球著名企业组团参展。活动还举办了一系列科技和人才项目签约及授牌活动：组织了国际科技合作、产学研合作、科技金融、创投项目、人才合作等项目的集中签约，并开展了国际科技合作基地授牌等活动。

五、产业间作用机制

关联企业不在同一产业中，相互之间也有技术溢出。例如，一个工业企业可以从作为其上游企业的农业企业获得技术溢出，农产品品种的改善和性能的改良使农业企业自身获益，也可以使农产品加工行业获得技术溢出，为了使自己所生产的农产品更好地适应农产品加工企业的生产加工要求，农产品提供者会就农产品的技术特性向农产品加工者进行传播。此外，通信设备制造业的发展和个人电脑及手机的普及使通信服务业、传媒业等第三产业获得了新的发展机会，甚至可以说没有相关的第二产业中的相关产品的出现就不会有如今的通讯业和传媒业，在设备制造商向通讯服务运营商销售设备时，必然会向其传播使用方法、维护方法和相关技术等。

进入移动互联网时代，电信运营商受到OTT企业和终端厂商的双重挤压，造成了传统业务大幅下滑和数据业务增量不增收的现象。因此，运营商会逐步转型，提升管道的可视、可管、可控能力，结合商业模式创新，挖掘管道的潜在价值。这种转型将带来各环节的改变，特别是网络运维阶段。中兴通讯服务业务部认为，过去在网络运维阶段，厂商能承诺给运营商的是掉话率、接通率等相关指标。如果继续以这样的模式运维，运营商的竞争力会急速下降。OTT企业的APP用户在满足了参与需求之后，就会产生质量需求。运营商要鼓励更多高带宽应用，并且还要推行“按质付费”的商业模式。这需要提供优质网络、营造竞争环境、转变运营模式，从以网络性能为导向转向用户业务体验为导向。

为此，中兴通讯于2013年推出了下一代运维解决方案，协助运营商向新的商业模式的转型。中兴通讯下一代运维包括NaaS、ITaaS、DaaS三大类端到端的解决方案。其中NaaS服务协助运营商实现：从语音时代面向网络的传统运维模式，顺利演进到数据时代以用户业务体验为中心的下一代运维模式。ITaaS服务瞄准运营商庞大的政企市场，和运营商一起面向客户提供电信级的服务保障和业务体验。DaaS服务通过深挖数据这个核心资产的商业价值，帮助运营商提升运营效率和核心竞争力。在以用户体验为中心的下一代运维方面，中兴通讯已经与中国移动、中国电信、中国联通、欧洲Tele-

nor、奥地利和记，尼日利亚 MTN，CMpak 深入合作，协助运营商在新一轮转型中赢取先机。①

毫无疑问，作为第二产业的中兴为上述第三产业中的企业传播了技术。同样，运营商也能为中兴带来技术溢出。中国的技术寻求型企业也能够如同上述通讯服务运营商一样从东道国类似于中兴这样的供应商获得技术溢出。

六、产业集群利用机制

产业集群利用机制仅对投资于产业集群所在区域的外国直接投资企业发生作用。产业集群是指在特定区域中，具有竞争与合作关系的、各种主体组成的群体，这些主体包括竞争企业、上下游企业、其他相关企业、专业化基础设施提供者、金融服务机构、培训机构、信息服务机构、标准制定机构、销售网络、顾客、政府及各类民间团体等。通过这种区域集聚能使区内企业共享区域公共设施、市场环境、外部经济，降低信息交流和物流成本，还能享受到高度专业化生产和协同创新的好处以及更加完备的专业化服务，形成区域集聚效应、规模效应、外部效应和区域竞争力。这些都会带来额外的技术进步。

产业集群可以分为创新型产业集群和资源型产业集群。创新型产业集群是以创新型企业和人才为主体，以创新组织网络和商业模式等为依托，以有利于创新的制度和文化为环境的产业集群。按照

① 通信产业网，http：//www.ccidcom.com。

产业类型可分为传统产业创新型产业集群和高新技术产业创新型产业集群。高新技术产业创新型产业集群的创新内容主要包括产品创新、技术创新等，传统产业创新型产业集群不一定包括产品创新、技术创新，但是一定要包括商业模式创新、渠道创新、品牌创新等。美国的“硅谷”、“第三意大利”、中国台湾的新竹、印度的班加罗尔、北京的“中关村”属于高新技术产业创新产业集群。被誉为“东方纽扣之都”的温州桥头镇的纽扣产业集群、乐清柳市的低压电器产业集群、广东中山古镇的灯饰产业集群、被授予“中国鞋都”的福建晋江的制鞋产业集群属于传统产业创新型产业集群。

资源型产业集群是以自然资源开发利用为基础，以资源生产加工为纽带，是具有产业上的内在联系的，并且在地域上集中的产业集群，如以煤炭、钢铁、有色金属冶炼生产基地为基础形成的产业集群等。资源型产业集群内成员间知识流动较少，对周边地区的外溢效应很弱。中国的技术寻求型对外直接投资企业在选定了东道国以后，要进一步确定建厂或研发机构的设立地点，应该尽可能将其设在产业集群所在地，尤其是创新产业集群所在地，这样，能够获得更多的技术溢出。

七、文化碰撞激发机制

技术寻求型对外直接投资还可以使企业从不同的文化碰撞中得到额外的益处，往往可以转化为技术的外溢效应。文化碰撞可以使一个组织中不同国籍的员工对同一问题有不同文化下的思考，这本

身就丰富了企业的思维，并且这种不同又会刺激并增强各成员的创造力。

有关文化差异对企业绩效影响的理论被称为跨文化管理或交叉文化管理。跨国公司的对外直接投资行为使跨国公司的海外子公司和分公司的员工来自不同的国籍，有的跨国公司本身就是由原本属于不同国家的公司所组成的，所以，一公司内部大量存在着不同国家、民族文化的差异，还会存在公司本身所固有的本国文化特征和其外部的东道国文化的差异，这必然会影响到企业的绩效。跨文化管理是20世纪70年代后期首先在美国逐步形成和发展起来的，直接原因是第二次世界大战后美国跨国公司进行跨国经营时屡屡遭受挫折。对这种现象进行研究的普遍结论认为，文化差异是导致美国跨国公司失败的主要原因。因此，美国人就开始去研究别国的管理方法和原则，这样就促进了跨文化管理这个新研究领域的出现。美国人的失败是一个原因，此外，在20世纪六七十年代日本的跨国企业在管理上取得了很大成功也是一个原因。普遍来说，其管理绩效在当时超过美国和欧洲公司很多，于是很多欧美学者开始研究日本管理上的优势和特点。

美国人发现，美日管理的根本差异在于对管理因素的认识不同。美国认为规章、组织机构、技术等硬的因素是影响管理的主要因素，而日本认为目标、宗旨、信念、价值观等是影响管理的主要因素，美国人注重的是科学因素，而日本人则注重哲学因素，等等。日本人没有照搬美国的管理思想，而是建立了更适合于其民族文化和环境的管理思想，并在实际应用中取得了成功。这个研究结论使人们对不同文化下的管理行为的研究变得更加风行。但是跨文化管理研究的前提似乎是文化差异带来的都是负面影响，但是实际上，文化差异也能为企业绩效带来正面影响。

八、小结

本章的东道国宏观环境作用机制和东道国政策作用机制的相关叙述可以为进行技术寻求型对外直接投资的企业提供直接参考。文化碰撞往往被解读为在东道国进行技术学习的障碍，但是本章文化碰撞激发机制却认为，不同的文化对于技术的进步有额外的促进作用，这是进行技术寻求型对外直接投资需要考虑的因素。政府直接促成产学研合作作用机制强调了政府的作用，政府除在大政方针上发挥作用外，根据条件可以将为本国企业向先进国家进行技术学习创造机会作为自己工作的具体内容。

第八章　技术寻求型对外直接投资技术进步效应的实证研究

本章共分为四节，每一节都进行了一个中国技术寻求型对外直接投资技术进步效应的相关内容的实证。第一节以中兴通讯为例，实证分析了企业层次的技术寻求型对外直接投资的技术进步效应；第二节实证考察了中国技术寻求型对外直接投资逆向技术溢出的整体技术进步效应；第三节实证分析了中国技术寻求型对外直接投资逆向技术溢出效应的区域差别；第四节具体考察了技术寻求型对外直接投资逆向技术溢出效应的国内影响因素。

一、企业技术寻求型对外直接投资技术进步效应实证——以中兴通讯的对外直接投资为例

本节以中兴通讯的对外直接投资所获得的整体技术溢出为研究对象。中兴通讯的直接投资遍布世界各大洲。但是，通过中兴通讯

的网站只能查到其在各洲的非流动资产的统计资料，而没有对外直接投资的统计资料，因此，只能以非流动资产总额作为直接投资存量的近似。在美国康奈尔大学、欧洲工商管理学院和世界知识产权组织2013年7月1日在日内瓦发布《2013全球创新指数（Global Innovation Index）报告》中，中国排名第35位，在亚洲共有六个国家排名在中国前面，而非洲所有国家在这一报告中都排名在中国后面。美洲和大洋洲各有两个国家排名在中国前面，其余23个排名在中国之前的国家都分布在欧洲，很明显北美和大洋洲及欧洲的整体研发资源和科技水平都高于中国，亚洲也有一些国家的研发水平高于中国，而非洲则不存在研发水平高于中国的国家。

但是中兴通讯的统计资料没有将欧洲、美洲和大洋洲分别进行统计，而是只有上述几个地区的总和数量。因此，在考察中兴通讯的对外投资对技术进步的作用时，将其在亚洲的非流动资本，在非洲的非流动资本，在欧洲、美洲、大洋洲的非流动资本总和分别作为一组，考察各组和中兴通讯的国内专利申请量的关系。在这里，以专利申请量作为衡量技术进步的指标。由于一些数据难以获得，在少信息、小样本的情况下，只能采用灰色关联度法[①]来对专利申请量与对外直接投资的关系进行分析。在本书中，采用了邓氏灰色关联度模型进行计算，分辨系数取为0.5。部分基础数据如表8－1、表8－2、表8－3所示：

① 灰色关联法，是根据因素之间发展趋势的相似或相异程度，亦即“灰色关联度”，作为衡量因素间关联程度的一种方法。灰色关联度法的意义是指在系统发展过程中，如果两个因素变化的态势是一致的，即同步变化程度较高，则可以认为两者关联较大；反之，则可以认为两者关联度较小。

表 8 – 1　中兴通讯的国内专利申请量　　单位：件

年份	2006	2007	2008	2009	2010	2011	2012	2013
国内专利申请量	2322	4787	3954	5719	5660	4685	3446	1948

资料来源：中兴通讯网站。

表 8 – 2　中兴通讯国外非流动资产额地区分布　　单位：千元

年份	2006	2007	2008	2009	2010	2011	2012	2013
亚洲（除中国外）	1231	96539	513702	633843	939248	10038	10840	10038
欧美和大洋洲	191229	13004	12701	15726	377909	838736	789003	896663
非洲	653400	11976	996895	131742	15659	393940	343192	335313

资料来源：中兴通讯网站。

表 8 – 3　距离差序列

序号	1（2006）	2（2007）	3（2008）	4（2009）	5（2010）	6（2011）	7（2012）	8（2013）
Δ_1（k）	0.04051	3.63607	0.71981	1.09548	0.92884	0.65607	0.31081	0.01900
Δ_2（k）	0.19534	0.23668	0.19654	0.13791	0.44464	0.75159	0.44714	0.08662
Δ_3（k）	0.9327608	1.88661	1.65843	2.08849	1.41869	1.06699	1.28235	2.11239

以向量 X_0 表示中兴集团的历年国内专利申请量，向量 X_1 以表示在亚洲（中国除外）地区的非流动资产总额，向量 X_2 表示在欧美和大洋洲地区的非流动资产总额，以向量 X_3 表示在非洲地区的非流动资产总额。

X_0 =（2322，4787，3954，5719，5660，4685，3446，1948）

X_1 =（1231856，9653953，513702，633843，939248，1003877，1084075，1003837）

X_2 = (191229, 1300408, 12701, 15726, 377909, 838736, 789003, 896663)

X_3 =(653400, 1197665, 996895, 1317425, 1565902, 393940, 343192, 335313)

在涉及重大对外直接投资战略调整的年份会出现较为极端的数据，因此采用均值来对数据进行无量纲化处理。

求出的均值 $\overline{X}_0 = 4052.75$，$\overline{X}_1 = 2008048.8$，$\overline{X}_2 = 552796.87$，$\overline{X}_3 = 850466.5$。

处理后的结果为：

X'_0 = (0.5729442, 1.1715501, 0.9756338, 1.4111405, 1.3965825, 1.1560051, 0.8506828, 0.4808985)

X'_1 = (0.6134591, 4.8076286, 0.2558214, 0.3156511, 0.4677416, 0.4999256, 0.5398648, 0.4999066)

X'_2 = (0.3459299, 2.3524156, 0.0229758, 0.028448, 0.6836308, 1.5172589, 1.4272928, 1.6220478)

X'_3 = (0.7682842, 1.408233, 1.1721743, 1.5490616, 1.8412271, 0.4044133, 0.4035338, 0.3942694)

计算距离差后，结果为：

$\xi_{11} = 0.9884282$，$\xi_{12} = 0.3368184$，$\xi_{13} = 0.7238592$，$\xi_{14} = 0.6305231$，$\xi_{15} = 0.6687759$，$\xi_{16} = 0.7425057$，$\xi_{17} = 0.8629265$，$\xi_{18} = 1$。

所以，$\xi_1 = 0.7442296$。

$\xi_{22} = 1$，$\xi_{22} = 0.4944105$，$\xi_{23} = 0.5624355$，$\xi_{24} = 0.446619$，$\xi_{25} = 0.6574765$，$\xi_{26} = 0.8741904$，$\xi_{27} = 0.7273802$，$\xi_{28} = 0.4415655$。

所以，$\xi_2=0.6505134$。

$\xi_{31}=0.8096584$，$\xi_{32}=0.7550057$，$\xi_{33}=0.8079601$，$\xi_{34}=0.900163$，$\xi_{35}=0.5636301$，$\xi_{36}=0.4101738$，$\xi_{37}=0.5619148$，$\xi_{38}=1$，其中，$k=1$，…，8。

进一步计算，得出中兴通讯亚洲的非流动资产总额和中兴通讯国内专利申请量的灰色关联系数 $\xi_1=0.7442296$，欧洲的非流动资产总额和国内专利申请量的灰色关联系数 $\xi_2=0.6505134$，非洲的非流动资产总额和国内专利申请量的灰色关联系数 $\xi_3=0.7260632$。

因此，实证的结果显示了中兴通讯对亚洲的投资和技术进步的关联度高于在非洲的投资和技术进步的关联度，这表明中兴通讯对亚洲的直接投资能够获得比对非洲的直接投资更多的技术溢出，和理论分析的结果一致。但是欧美和大洋洲的非流动资产总额和中兴通讯的国内专利申请量的相关性最低，这和理论预期不一致。可能的原因是：第一，中兴在欧美和大洋洲的非流动资产平均总量最小，在欧美和大洋洲的非流动资产一直低于在亚洲的总额，在 2011 年以后才超过在非洲的总额，这是相关系数低的一个原因。第二，中兴最近几年更加注重 PCT 专利①的申请，在国内的申请相对减少。如果加上国际申请的数量，那么这种专利申请增加的趋势就和中兴在欧美和大洋洲投资的增加趋势一致。

本节通过实证，从企业层次上论证了技术寻求型对外直接投资

① PCT 是专利合作条约（Patent Cooperation Treaty）的英文缩写，是专利领域的一项国际合作条约。它主要涉及专利申请的提交，检索及审查以及其中包括的技术信息的传播的合作性和合理性的一个条约。PCT 不对“国际专利授权”：授予专利的任务和责任仍然只能由寻求专利保护的各个国家的专利局或行使其职权的机构掌握。好处是专利申请人可以通过 PCT 途径递交国际专利申请，向多个国家申请专利，能节约向多个国家同时申请所花费的时间和费用。

的存在和作用。为了获得更多的技术进步效应，国内具有条件的企业应该继续加强对研发资源丰富的国家和地区的直接投资。

二、国家层面技术寻求型对外直接投资的技术进步效应实证

（一）实证思路

在中国对外直接投资和技术进步的关系实证研究方面多数研究的是中国对外直接投资的整体技术进步效应，而技术寻求型对外直接投资的技术进步效应实证研究很少。主要原因在于很难将技术寻求型对外直接投资从其他投资中分离出来，目前还没出现一种成熟的技术来进行这种投资的有效分离。有的学者在实证中将中国对发达国家或其一部分的直接投资作为技术寻求型对外直接投资，这是一种接近的办法，但是这就漏掉了其他一些技术水平高于中国的国家和地区。另一个近似的做法是在对技术寻求型对外直接投资进行判定时，将中国对外直接投资总量扣除了在非洲的投资量后的余值作为中国的技术寻求型对外直接投资的数量。这可能会出现夸大中国技术寻求型对外直接投资规模的问题。为了解决这一问题，本书在技术寻求型对外直接投资的目标地的确定上没有根据上述两种做法，而是根据美国康奈尔大学、欧洲工商管理学院和世界知识产权组织在 2013 年 7 月 1 日在日内瓦发布的《2013 全球创新指数（Global Innovation Index）报告》，将创新指数排名在中国之前的国

家和地区作为中国技术寻求型对外直接投资的目标国家和地区。

（二）实证过程

在表8－4中，中国香港的地位较为特殊。香港是中国大陆对外直接投资的最大目的地，2013年末，在港投资存量占中国对外直接投资存量的57.1%。但是，中国对其直接投资的主要领域是租赁和商服、金融和批零等行业，所以很多学者认为投资香港只是为了贸易中转或者从香港获得直接商业利益。他们还认为，中国大陆对其

表8－4　2013年全球创新指数国家和地区得分与排名

排名	国家和地区	得分	排名	国家和地区	得分
1	瑞士	66.59	19	澳大利亚	53.07
2	瑞典	61.36	20	法国	52.83
3	英国	61.25	21	比利时	52.49
4	荷兰	61.14	22	日本	52.23
5	美国	60.31	23	奥地利	51.87
6	芬兰	59.51	24	马耳他	51.79
7	中国香港	59.43	25	爱沙尼亚	50.6
8	新加坡	59.41	26	西班牙	49.41
9	丹麦	58.34	27	塞浦路斯	49.32
10	爱尔兰	57.91	28	捷克共和国	48.36
11	加拿大	57.6	29	意大利	47.85
12	卢森堡	56.57	30	斯洛文尼亚	47.32
13	冰岛	56.4	31	匈牙利	46.93
14	以色列	55.98	32	马来西亚	46.92
15	德国	55.83	33	拉脱维亚	45.24
16	挪威	55.64	34	葡萄牙	45.1
17	新西兰	54.46	35	中国	44.66
18	韩国	53.31			

资料来源：国际在线网站。

投资也是为了利用其避税港的地位。一些企业对避税港投资的最终投资地通常都不是避税港本土，而是把避税港当成中转站，再投往第三国。大陆投资香港也是一样，很多资金并不汇到香港，而直接汇往第三国。因此，很多实证研究往往把香港从中国技术寻求型对外直接投资的目的地中删除，本书认为，香港不但创新能力指数高于大陆，而且高居世界第七位，即使存在一些名义上投入香港而实际上没有流入香港的资金，但是这只是其中一部分，所以中国企业在香港投资应该能够获得技术进步效应。

中国对外直接投资存量的国别统计是从 2003 年开始的，但是从 2003 年起至今的国别数据只有 11 个年份，不适于运用计量方法进行实证，因此采用灰色关联分析法。在本节中，采用了邓式灰色关联法进行计算。数据是从 2003 年开始至 2013 年止。基础数据如表 8－5、表 8－6、表 8－7 所示。

表 8－5　中国国内利授权量

单位：件

年份	2003	2004	2005	2006	2007	2008
数量	149588	151328	171619	223860	301632	352406
年份	2009	2010	2011	2012	2013	
数量	501786	740620	883861	1163226	1228413	

资料来源：中华人民共和国国家知识产权局网站。

表 8－6　中国在创新指数高于中国的国家的投资存量总额

单位：万美元

年份	2003	2004	2005	2006	2007	2008
存量总额	2665637	3312634	4031855	4746027	7967534	13096312
年份	2009	2010	2011	2012	2013	
存量总额	18667890	23533499	31976052	39153000	48305699	

资料来源：《中国对外直接投资统计公报》相应年份。

表 8-7 中国在其他国家和地区的直接投资存量总额 单位：万美元

年份	2003	2004	2005	2006	2007	2008
存量总额	656585	1165092	1688707	2756528	3830218	5313042
年份	2009	2010	2011	2012	2013	
存量总额	5956086	8766235	11210812	14938847	18784517	

资料来源：《中国对外直接投资统计公报》相应年份。

以向量 X_0 表示中国的历年国内专利授权量，向量 X_1 表示中国在创新指数高于中国的国家和地区的直接投资存量总额，向量 X_2 表示在其他国家和地区的直接投资存量总额。

X_0 =（149588，151328，171619，223860，301632，352406，501786，740620，883861，1163226，1228413）

X_1 =（2665637，3312634，4031855，4746027，7967534，13096312，18667890，23533499，31976052，39153000，48305699）

X_2 =（656585，1165092，1688707，2756528，3830218，5300759，5707648，8187560，10502615，14041058，17142141）

采用均值法来对数据进行无量纲化处理，处理后的无量纲化结果为：

X'_0 =（0.2803975，0.2836591，0.3216939，0.4196178，0.5653988，0.6605766，0.9405806，1.3882667，1.6565671，2.1804272，2.302618）

X'_1 =（0.2156625，0.1925398，0.1946389，0.1730202，0.3631512，0.5039519，0.1345337，1.2093714，1.9544928，2.1720084，3.5322961）

X'_2 =（0.1017546，0.1805608，0.2617083，0.4271946，0.5935903，0.8214883，0.8845462，1.2688721，1.2688721，2.1760215，2.6566137）

计算距离差后，结果显示在表 8-8 中，其中，k=1，…，11。

表 8-8 距离差序列表

内容＼序号	1（2003）	2（2004）	3（2005）	4（2006）	5（2007）	6（2008）
$\Delta_1(k)$	0.064735	0.0911193	0.127055	0.2465976	0.2022476	0.1566247
$\Delta_2(k)$	0.1782469	0.1030983	0.0599856	0.0075768	0.0281915	0.1609117
内容＼序号	7（2009）	8（2010）	9（2011）	10（2012）	11（2013）	
$\Delta_1(k)$	0.8060469	0.1788935	0.2979257	0.0084188	1.2296781	
$\Delta_2(k)$	0.0560344	0.1193946	0.387625	0.0044057	0.353995	

经计算得：$\xi_{11}=0.9171301$，$\xi_{12}=0.8828548$，$\xi_{13}=0.8400913$，$\xi_{14}=0.7235108$，$\xi_{15}=0.7627816$，$\xi_{16}=0.8078911$，$\xi_{17}=0.39509$，$\xi_{18}=0.7852251$，$\xi_{19}=0.6828251$，$\xi_{110}=1$，$\xi_{111}=0.337898$。所以，$\xi_1=0.7395725$。

此外，$\xi_{21}=0.5327595$，$\xi_{22}=0.6676018$，$\xi_{23}=0.7819974$，$\xi_{24}=0.9842538$，$\xi_{25}=0.8928586$，$\xi_{26}=0.5587952$，$\xi_{27}=0.7933586$，$\xi_{28}=0.6328662$，$\xi_{29}=0.3409105$，$\xi_{210}=1$，$\xi_{211}=0.3618391$。所以，$\xi_2=0.6505134$。

因此，中国对创新指数高于中国的国家和地区的直接投资和国内专利授权量的灰色关联系数大于对其他国家和地区的直接投资和国内专利授权量的灰色关联系数。

（三）结论

上述实证结果表明中国对创新指数高于中国的国家的直接投资存量总额和国内专利授权量的关联度远比对其他国家和地区的直接投资存量总额和国内专利授权量关联度高，因此中国在创新指数高

于中国的国家和地区进行直接投资能够获得技术溢出。如果企业要进行技术寻求型对外直接投资，应该将东道国选在创新指数高于中国的国家和地区，原来没有被纳入技术寻求型对外直接投资目的地的一些国家和地区应该被纳入我们的眼界，如塞浦路斯、马来西亚、斯洛文尼亚、拉脱维亚等。将中国香港纳入技术寻求型对外直接投资的目的地是一个合理的做法。这一实证结果可以支持本书第三章中判断中国技术寻求型对外直接投资规模在中国对外直接投资总额中最低占比可能达到70%的观点，因为在那一章也是把中国香港作为发达地区来计入的，但那只是根据国家创新指数来衡量的，本章则是将中国香港加入到了中国进行技术寻求型对外直接投资的目的地进行实证的，这更进一步支持了第三章中的观点。

三、中国对外直接投资的整体技术进步效应实证

本节选取了中国各省的数据，采用静态面板模型对中国对外直接投资整体的技术进步效应进行了实证。本节和下一节的基本回归式都是依据 CH 模型进行变动的结果。CH 模型 1995 年由 Coe 和 Helpman 提出，以后的经验性研究大多遵循 CH 模型的设定。CH 模型的回归式为：

$$\log TFP_{it} = \alpha_i^0 + \alpha_i^d \log S_{it}^d + \alpha_i^f \log S_{it}^f + \varepsilon_{it} \tag{8-1}$$

其中，TFP 表示全要素生产率；i 表示国家；t 表示时间；α_i^0 表示特定国家常数项；α_i^d 表示国内研发资本存量的 TFP 弹性；α_i^f 表示外国研发资本存量的 TFP 弹性。本节实证一些做法不同于以前。第

一，在技术水平代理指标的选取上没有选用此类研究经常选用的指标——全要素生产率，而是选用了中国各省国内专利授权量。第二，没有进行中国各省的对外直接投资能够获取的外国研发资本存量的计算，而是直接考察了中国各省对外直接投资存量和国内技术水平的关系。据此，本书基础模型形式如下：

$$PA_{it} = \alpha_i^0 + \alpha_i OFDI_{it} + \varepsilon_{it} \quad (8-2)$$

其中，α_i^0 为特定省份常数项，α_i 为各省对外直接投资存量的国内专利授权量弹性，i 为省别，t 为时间，PA_{it} 为各省各年国内专利授权量，$OFDI_{it}$ 为各省各年对外直接投资存量，ε_{it} 为误差项。

（一）数据

本书选取了 2005 ~2013 年中国各省的国内专利授权量和各省的对外直接投资存量的数据。一些基本数据如表 8 -9、表 8 -10 所示。

表 8 -9　中国各省国内专利授权量　　单位：件

省份 \ 年份	2005	2006	2007	2008	2009	2010	2011	2012	2013
北京	92940	91873	15919	25101	37586	48088	60338	75779	12764
天津	6078	15900	25200	32161	58116	96729	13867	21151	35933
河北	26154	32770	38284	52415	88692	13772	19547	23871	34904
山西	8869	18702	27200	18195	53339	63654	83021	10604	15386
内蒙古	4116	8875	13984	20405	40100	47055	56517	12226	16788
辽宁	8221	27970	44395	60554	14923	34069	43569	69528	77311
吉林	7945	10784	21554	37929	70676	89958	11154	14539	21392
黑龙江	32672	60171	71144	99353	10623	12804	17279	25299	33501
上海	18408	26127	30253	21861	35893	60943	63747	13951	17843
江苏	39098	58871	11649	17267	24987	38881	57019	78318	11163

续表

年份 省份	2005	2006	2007	2008	2009	2010	2011	2012	2013
浙江	40708	70268	11629	15471	29592	58452	71891	85486	10988
安徽	4183	10062	15351	20379	27594	11084	16540	23712	37955
福建	20873	52371	91608	11323	15880	19677	24475	32370	39677
江西	881	2022	5478	9126	12905	22136	39751	78934	11918
山东	67673	11034	16136	20802	26225	49582	86262	11970	16047
河南	17624	8666	21703	33001	57655	70689	97460	14418	19535
湖北	2292	4031	4972	5600	9992	17794	88351	13757	17331
湖南	3481	10329	29344	67427	20478	27162	32957	41333	45472
广东	31804	41731	72431	86851	95452	11629	17981	25176	34233
广西	5269	4434	9629	13780	30111	52505	68701	86688	10616
海南	1170	1383	4342	4423	11260	33566	16526	33282	34342
重庆	6300	7419	16071	27674	30323	65565	11057	17095	19395
四川	8740	14339	44322	39758	53524	12535	19247	22457	26559
贵州	394	194	445	1866	2229	2035	4952	8746	32708
云南	5314	10329	26113	56996	94748	15550	18291	29580	38656
西藏	160	160	100	152	152	180	377	1033	1227
陕西	1365	2864	5667	19299	41518	69786	11380	17938	20028
甘肃	5976	8175	24550	59291	61085	71158	13395	26856	31598
青海	203	283	340	492	751	890	1304	3149	9062
宁夏	1179	2934	2645	3729	3979	4672	5956	11934	19624
新疆	4301	8994	14212	38419	51601	68983	10339	14544	17495

资料来源：中华人民共和国国家知识产权局网站。

表 8－10　各省对外直接投资存量　　单位：万美元

年份 省份	2005	2006	2007	2008	2009	2010	2011	2012	2013
北京	92940	91873	15919	25101	37586	48088	60338	75779	12764
天津	6078	15900	25200	32161	58116	96729	13867	21151	35933
河北	26154	32770	38284	52415	88692	13772	19547	23871	34904

续表

年份 省份	2005	2006	2007	2008	2009	2010	2011	2012	2013
山西	8869	18702	27200	18195	53339	63654	83021	10604	15386
内蒙古	4116	8875	13984	20405	40100	47055	56517	12226	16788
辽宁	8221	27970	44395	60554	14923	34069	43569	69528	77311
吉林	7945	10784	21554	37929	70676	89958	11154	14539	21392
黑龙江	32672	60171	71144	99353	10623	12804	17279	25299	33501
上海	18408	26127	30253	21861	35893	60943	63747	13951	17843
江苏	39098	58871	11649	17267	24987	38881	57019	78318	11163
浙江	40708	70268	11629	15471	29592	58452	71891	85486	10988
安徽	4183	10062	15351	20379	27594	11084	16540	23712	37955
福建	20873	52371	91608	11323	15880	19677	24475	32370	39677
江西	881	2022	5478	9126	12905	22136	39751	78934	11918
山东	67673	11034	16136	20802	26225	49582	86262	11970	16047
河南	17624	8666	21703	33001	57655	70689	97460	14418	19535
湖北	2292	4031	4972	5600	9992	17794	88351	13757	17331
湖南	3481	10329	29344	67427	20478	27162	32957	41333	45472
广东	31804	41731	72431	86851	95452	11629	17981	25176	34233
广西	5269	4434	9629	13780	30111	52505	68701	86688	10616
海南	1170	1383	4342	4423	11260	33566	16526	33282	34342
重庆	6300	7419	16071	27674	30323	65565	11057	17095	19395
四川	8740	14339	44322	39758	53524	12535	19247	22457	26559
贵州	394	194	445	1866	2229	2035	4952	8746	32708
云南	5314	10329	26113	56996	94748	15550	18291	29580	38656
西藏	160	160	100	152	152	180	377	1033	1227
陕西	1365	2864	5667	19299	41518	69786	11380	17938	20028
甘肃	5976	8175	24550	59291	61085	71158	13395	26856	31598
青海	203	283	340	492	751	890	1304	3149	9062
宁夏	1179	2934	2645	3729	3979	4672	5956	11934	19624
新疆	4301	8994	14212	38419	51601	68983	10339	14544	17495

资料来源：《中国对外直接投资统计公报》相应年份。

在下文的实证过程中，用字母组合表示相应的省市，括号内的汉字为字母组合对应的省份名称：BEIJING（北京）、TIANJIN（天津）、HEBEI（河北）、SHANXI（山西）、INNERMONGOLIA（内蒙古）、LIAONING（辽宁）、JILIN（吉林）、HEILONGJIANG（黑龙江）、SHANGHAI（上海）、JIANGSU（江苏）、ZHEJIANG（浙江）、ANHUI（安徽）、FUJIAN（福建）、JIANGXI（江西）、SHANDONG（山东）、HENAN（河南）、HUBEI（湖北）、HUNAN（湖南）、GUANGDONG（广东）、GUANGXI（广西）、HAINAN（海南）、CHONGQING（重庆）、SICHUAN（四川）、GUIZHOU（贵州）、YUNAN（云南）、TIBET（西藏）、SHANXI（陕西）、GANSU（甘肃）、QINGHAI（青海）、NINGXIA（宁夏）、XINJIANG（新疆）。

（二）模型选择和实证过程

面板数据模型大体上可以分为三种，即随机效应模型、固定效应模型和混合效应模型。模型设定类型至关重要，选择不当会对分析结果产生不良影响，降低模型整体的解释力度。为此本书首先借鉴 LM 和 Hausman 检验法并利用 EViews 6.0 软件来进一步设定模型类型。检验结果如表 8－11 所示。

表 8－11　面板模型的 LM 和 Hausman 检验结果

Test Summary	Chi – Sq. Statistic	Chi – Sq. d. f.	Prob.
Cross – section F	15.690	（2，5）	0.000
Cross – section Chi – square	17.861	2	0.013
Cross – section random	9.0673	1	0.035

从表 8 - 11 中我们可以看出 F 统计量和 LR 统计量的伴随概率分别为 0.000 和 0.0013，小于 0.05 的临界值水平，由此拒绝了混合模型优于固定效应模型的假设，此外 Hausman 检验结果显示检验统计量的伴随概率为 0.035，小于 0.05 的临界水平，因此拒绝固定效应模型与随机效应模型不存在系统差异的原假设，综合以上检验结论本书构建随机效应面板数据模型。

其次，对固定效应模型变量进行回归分析。结果显示在表 8 - 12 中。

从表 8 - 12 中我们能够得出两点结论：第一，我国技术寻求型对外直接投资能够形成对技术进步的积极影响；第二，我国技术寻求型对外直接投资逆向技术溢出效应存在明显的地域差异，表现为东中西部地区依次递减态势。诸如北京、上海等东部城市的技术进步效果明显，多数高于 0.05% 的影响系数水平，而新疆、西藏、河北和河南等中西部城市的技术进步效应还有待提升，总体影响程度维持在低于 0.05% 的水平。

表 8 - 12　固定效应模型回归分析结果

地区	系数	地区	系数	地区	系数
BEIJING	0.0703	ANHUI	0.0415	SICHUAN	0.0411
TIANJIN	0.0892	FUJIAN	0.0580	GUIZHOU	0.0156
HEBEI	0.0210	JIANGXI	0.0301	YUNAN	0.0381
SHANXI	0.0337	SHANDONG	0.0516	TIBET	0.0023
INNERMONGOLIA	0.0055	HENAN	0.0209	SHANXI	0.0272
LIAONING	0.0252	HUBEI	0.0283	GANSU	0.0158
JILIN	0.0309	HUNAN	0.0402	QINGHAI	0.0202
HEILONGJIANG	0.0277	GUANGDONG	0.0682	NINGXIA	0.0192
SHANGHAI	0.0860	GUANGXI	0.0501	XINJIANG	0.0043
JIANGSU	0.0652	HAINAN	0.0307		
ZHEJIANG	0.0669	CHONGQING	0.0441		

（三）单位根各检验和协整检验

1. 单位根检验

为保证实证模型构建的合理性、稳定性，防止“伪回归”现象的出现，本书采用 ADF 检验对上述变量进行平稳性检验，检验的显著性水平控制在5%，检验结果如表8－13 所示：

表8－13　单位根检验结果

变量	检验类型	ADF 检验值	5%水平下的临界值	结论
PA_{it}	（C，T，1）	－0.319658	－1.822952	不平稳
D（PA_{it}）	（C，T，0）	－4.732150	－2.770328	平稳
$OFDI_{it}$	（C，T，1）	－1.089271	－3.528015	不平稳
D（$OFDI_{it}$）	（C，T，0）	－3.680233	－4.225901	平稳

由表8－13 可以得出结论：原变量在5%水平下的临界值均小于 ADF 检验值，因此接受原假设并认为变量原序列存在单位根，也即变量原序列具有非平稳性。经过差分处理后的变量序列均通过了5%水平下的平稳性检验，可以以此为基础进一步进行分析。

2. 协整检验

本书采用协整检验进一步考察中国技术寻求型对外直接投资的技术进步效应。检验结果显示在表8－14 中。

表8－14　面板协整检验结果

统计量	rho－Statistic	PP－Statistic	ADF－Statistic	v－Statistic
组内统计量	0.373787	－3.607652	－4.876487	0.460821
组间统计量	2.419253	－3.684642	－4.486072	

除 Panel v – Statistic、Panel rho – Statistic、Group rho – Statistic 检验接受原假设外，其余检验均拒绝不存在协整关系的假设，综合考虑，认为两个面板变量存在协整关系。

通过上述实证，可以得出结论，中国各省对外直接投资存量对各省以专利授权量为代理指标的技术水平产生了促进作用。中国对外直接投资在整体上促进了技术进步。通过格兰杰因果检验，在5%的显著水平上广东、天津等省份的对外直接投资是其国内专利授权量的格兰杰原因。通过这一实证也可以近似地认为中国各省的技术寻求型对外直接投资促进了各省的技术进步。

（四）小结

综合考虑以上三节内容：第一节以一个企业的个案实证证明了中国企业进行技术寻求型对外直接投能够促进其国内技术进步；第二节在国家层次证明了中国技术寻求型对外直接投资能够促进国内技术进步；第三节根据各省的数据，证明了中国技术寻求型对外直接投资技术进步效应的近似，即中国对外直接投资整体技术进步效应为正。因此，可以得出结论，中国技术寻求型对外直接投资促进了国内技术进步。在接下来的第四节中对中国对外直接投资技术进步效应的国内影响因素做初步探讨。

四、中国对外直接投资逆向技术溢出国内影响因素分析

本节采用了中国对外直接投资存量总和与国内专利授权量总和

的时间序列数据进行分析。根据以前学者的研究成果，本书初步选取了国内研发资源、教育资源以及国内市场化程度作为中国对外直接投资整体技术进步效应的国内影响因素。本书采用国内研发人员全员当量作为国内研发资源的代理指标，这一指标不受价格水平变动的影响，并且也不受政府支出大幅变动和宏观经济环境变化的显著影响，既能体现物质研发资本的因素，也能体现人力资本的因素。教育资源选用了国内教育职工的人数为代理指标，同样也不受价格水平变动和宏观经济形势及政府支出变动的显著影响。市场化指标选用自筹和其他资金在固定资产投资中的比重来进行衡量。具体数据如表 8－15 所示。

表 8－15　专利授权量和解释变量数据

年份 \ 数额 \ 变量	国内专利授权量（件）	对外直接投资存量（亿美元）	研发人员全员当量（万人）	全国教职工人数（万人）	自筹和其他资金在固定资产投资占比（%）
1996	40337	121	80. 4	1549	66. 0
1997	46389	147	83. 12	1577	67. 7
1998	61378	174	75. 52	1580	67. 4
1999	92101	193	82. 17	1596	67. 8
2000	95236	203	92. 21	1592	68. 2
2001	99278	272	95. 65	1574	69. 6
2002	112103	299	103. 51	1579	68. 7
2003	149588	332	109. 48	1610	70. 5
2004	151328	448	115. 26	1597	72. 7
2005	171619	572	136. 48	1624	74. 1
2006	223860	906. 3	150. 25	1652	76. 0
2007	301632	1179. 1	173. 62	1675	77. 4
2008	352406	1839. 7	196. 54	1692	78. 3

续表

年份＼数额＼变量	国内专利授权量（件）	对外直接投资存量（亿美元）	研发人员全员当量（万人）	全国教职工人数（万人）	自筹和其他资金在固定资产投资占比（%）
2009	501786	2457.5	229.13	1716	77.4
2010	740620	3172.1	255.38	1741	78.5
2011	883861	4247.8	288.29	1782	80.9
2012	1163226	5319.4	324.68	1810	81.7

资料来源：中国各省统计年鉴。

首先对中国国内专利授权量和中国对外直接投资存量进行单位根检验。检验结果如表 8－16 所示。PAR 为中国国内专利授权量，OFDI 为中国对外直接投资存量。

表 8－16　单位根检验结果

变量	检验类型	ADF 值	临界值			结论
			10%	5%	1%	
PAR	(0，0，1)	4.240703	－1.605026	－1.966270	－2.728252	不平稳
OFDI	(0，0，1)	2.631309	－1.605026	－1.966270	－2.728252	不平稳
DPAR	(0，0，1)	1.612003	－1.604392	－1.968430	－2.740613	不平稳
DOFDI	(0，0，1)	3.661717	－1.604392	－1.968430	－2.740613	不平稳
D^2PAR	(C，T，1)	－7.50896	－3.362984	－3.828975	－4.886426	平稳
D^2OFDI	(C，T，1)	－6.28711	－3.362984	－3.828975	－4.886426	平稳

注：检验类型（C，T，K）中，C 代表截距项，T 代表时间趋势项，K 代表滞后期，C 为 0 表明不包含截距项，T 为 0 表明不包含时间趋势项。

表 8－16 表明：PAR 和 OFDI 都为二阶平稳时间序列，可能存在协整关系。因此，接下来对中国国内专利授权量和对外直接投资存量进行协整检验，检验结果如表 8－17 所示。

表8－17　协整检验结果

原假设个数	特征值	迹统计量	5%临界值	P值	最大特征值	5%临界值	P值
0个	0.9294	45.54531	25.87211	0.0001	39.78167	19.38704	0.000
最多一个	0.31903	5.763638	12.51798	0.4909	5.763638	12.51798	0.4909

表8－17中的迹统计量检验和最大特征值检验结果均表明，中国国内专利授权量和对外直接投资存量之间存在着一个协整关系，可以进行回归。接下来将上述影响因素作为交叉项的组成部分进行考察。回归分析结果如下：

$$PAR = 41829.698251 + 763.242691497 \times OFDI + 0.0566255633304 \times OFDI \times ED + 0.3921161507 \times OFDI \times RD - 9.59163363236 \times OFDI \times FAI \quad (8-3)$$

其中，ED表示全国教职工人数、RD表示研发人员全员当量、FAI表示自筹和其他资金在固定资产投资中的比重。但是各变量的t检验结果很差，在将OFDI×FAI项去掉后，t检验结果明显好转，模型可用。重新回归的结果为：

$$PAR = 49560.0195038 + 1797.94467518 \times OFDI - 1.08479488776 \times OFDI \times ED + 1.15467141426 \times OFDI \times RD \quad (8-4)$$

各检验指标为：$R^2 = 0.993115$，调整后的$R^2 = 0.991526$，F = 625.0105，F统计量的伴随概率 = 0.000000，DW = 1.757361。这表明，模型拟合较好。

这一回归结果表明：教育对于中国技术寻求型对外直接投资的技术进步效应起负面作用，研发对于中国技术寻求型对外直接投资的技术进步效应起正面作用，而市场化则对于中国技术寻求型对外直接投资的技术进步效应几乎不发生影响。选用研发人员全员当量和全国教职工人数来作为中国的研发资源和教育水平的代理指标是一个较为少见的做法，将其作为中国对外直接投资获得的技术进步效应的影响因素来进行研究更属于一种尝试。很多内容可以在今后的研究中进一步深入展开。例如，研发人员全员当量各省存在差异，它们对本省的技术寻求型对外直接投资技术进步效应影响程度是否也存在差异？如果有差异那么原因是什么？教育为何对中国技术寻求型对外直接投资的技术进步效应起负面作用？是不是教职员工的构成有影响？是不是教职员工在各层级教育中的分布也有影响？这种分布和结构差异是作为一个独立变量引入模型，还是作为交叉项的一个组成部分引入？对于这种结构的数据是采用相对数还是绝对数？各省教职员工结构和层次的差异如何？各省的这种差异对其本省的技术寻求型对外直接投资技术进步效应影响如何？这些都是值得进一步研究的问题。由于资料的限制及篇幅和时间的要求，本节只是对这一问题的进行初步探讨。

第九章　促进技术寻求型对外直接投资对技术进步效应的建议

本章依据前述各章有关中国技术寻求型对外直接投资发展进程、现状以及逆向技术溢出机制和技术进步效应的分析结果，针对中国技术寻求型对外直接投资的不足和缺点，分别从政府和企业两个层面给出了更好地发挥技术寻求型对外直接投资技术进步和经济增长效应的具体建议。

一、政府层面的建议

（一）深化“走出去”指导思想

在指导思想上要继续深入贯彻“走出去”的精神，脚踏实地支持各类适合的企业“走出去”，并以此作为各级政府开展对外经济活动的一项重要指导原则，将各类支持工作作为一项日常的事务来抓。此外，各级政府部门还要在“走出去”指导思想的指引下积极贯彻落实和推进我国企业开展技术寻求型对外直接投资活动，合理规划产业和区域投资布局，将“走出去”战略的思想深刻地融入政府部门的工作中去，不断深化对“走出去”战略的理解和认识，推动中国技术企业技术寻求型对外直接投资迈上新的台阶。

（二）做好信息收集和其他服务工作

政府应该利用自己在国内庞大的组织机构和各种形态的驻外机构充分地收集投资东道国的关于政治环境、经济环境、当地对外资企业的法律、法规等资料。而且可能的话，这些资料所能达到的层次不仅是国家层面的，最好都能深入到各邦、州、省或者行政级别更低的地区，尽可能做到具体和实用。在国内各省或者一些城市都要在政府机构设立专门的对外直接投资信息服务机构，他们负责协调各个部门的相关信息收集工作并且进行整理。信息收集工作也可以通过在各地商业局设立负责对外直接投资事务的专门机构来完成。这一机构的工作不仅限于信息收集工作，还要包括搭建对外直接投资项目开展的平台以及具体项目的促成等。

（三）简化技术寻求型对外直接投资的审批手续

虽然对外直接投资的审批手续已经简化了，但还是较为复杂。目前，对外直接投资最少要经过三个部门的审核。第一个是国家外汇管理局。投资者必须向当地外汇管理局申请对外直接投资，以确认他们确实拥有外汇资金。第二个是国家发展与改革委员会。投资者必须从当地国家发展与改革委员会获得核准。如果是资源开发项目或需要大额度外汇，还需要再向国家发展与改革委员会的北京总部申请，甚至有时还需要国务院的特别审批。第三个是投资者必须获得省级商业局的批准，如果涉及个别特定的国家和产业，还需要得到商务部的审批。第四个是如果这些审核都能通过，投资者必须重新到外汇管理局注册，从而可以获得外汇。在审批上除了经过的部门多，在每一部门审批的时间弹性较大，往往会造成审批时间过长的结果。所以还需要进一步简化对外直接投资的审批程序。各机构对于项目审批最好遵循能宽松就宽松的原则，对于一般项目按照企业的意愿即可。一般的海外投资项目只是个商业行为，企业自有其对于风险和收益的平衡考虑，在国内投资和在国外投资的性质是一样的，不应该比同类的国内投资项目有更多的要求和限制，监管重点只在于项目的真实性和企业资金来源合法。

（四）加强对技术寻求型对外直接投资资金上的支持

逐步加强对技术寻求型对外直接投资资金上的支持。包括外汇使用方面、财政和金融等方面的支持。国企在进行对外直接投资时取得财政和金融上的支持较为容易，而民企本来在国内的项目融资就比较困难，如果走向海外那么所面临的困难更大。他们几乎不会享受到财政支持，在信贷上也困难重重。

私有企业是中国最具创新力的企业。66%的注册专利，74%的技术创新和82%的新产品开发均源自这些企业。在2008年500家最大的私有企业中，有245家被认定为高科技企业，320家有自己的创新部门，209家拥有它们的自主知识产权。这些企业正应该是中国技术寻求型对外直接投资的重要力量。中国的私有企业在全球出口中占据强有力的份额，但是在中国的对外直接投资中所占的比重却较低，2008 年，中央国有企业在境外投资总额中占了 86% 的份额，相比之下私有企业只有0.3% 的份额，余下部分是地方国有企业和隶属于政府企业的各种类型子公司。出口所表现出来的能力和其海外投资能力不符表明了中国民企的海外投资没有得到足够的支持。

此外，保持财政政策对各类投资主体的支持大体相同，如可以利用财政资金成立专门的民企海外投资基金。对于商业银行支持私企对外直接投资的行为政府可以给予政策上的引导和扶植。对于政策性银行，如中国进出口银行，更要尽可能地使国企和民企享受大体相同的待遇。另外，在民企出海找不到资金时，国内却有很多资金找不到合适的投资项目，是不是可以进行金融企业设立方面的改革或者试点，成立专门为中小型民企出海提供专门服务的小型贷款公司或者小型银行。另外，要鼓励地方商业银行为当地的中小型民企出海提供优惠信贷。进一步扩大出口信用保险公司对境外直接投资的承保业务，也可引导和鼓励其他保险公司设立境外投资保险业务。

（五）提高对通过技术寻求型对外直接投资所获得技术的吸收能力

1. 加强国家科技创新能力的建设

通过对外直接投资能够获得技术溢出，技术溢出传导回国内，最终技术进步效应如何还取决于国内的消化、吸收和再创新能力。为了增强这些能力，要加强国家科技创新能力的建设。据国家统计局、科学技术部、财政部联合发布的《2013 年全国科技经费投入公报》统计，2012 年中国全社会研究与试验发展（以下简称 R&D）经费继续在增长，投入强度（R&D 经费投入与国内生产总值之比）首次突破 2%。2013 年 12 月，美国巴特尔纪念研究所和《研发杂志》认为美国在研发方面投资占其 GDP 总量的 2.8%。这表明中国的研发强度水平和世界高水平的研发强度相比还有较大的差距，因此，应该着力提高这一比重。

由于中国科技基础较为薄弱，研发原始创新动力不足，应该加大基础研究和应用研究在研发支出中的比重，这两者的比重较低，尤其是基础研究。基础研究虽然周期长、研发成果产业化和市场化的趋势不确定，但是它决定了一个国家长远的创新能力和其他研究所能够达到的水平。通过利益引导和科技政策使企业真正成为研发活动的主体、研发成果应用的主体。使国家科技计划和企业的科研活动更好地对接，鼓励企业承担和参与国家的科技项目。努力促成一批集研究开发、设计、制造各种能力于一体，具有国际竞争力的大型骨干企业，促进形成一批有特色的创新企业集群。还要加强对一些科技型中小企业的扶植。此外，还要积极深化科研体制改革，明确各类型科研机构的职责定位；依托科研机构、高校和一些骨干企业，形成产学研一体化的研发机制；促进社会化、网络化的科技中介服务体系的建设；加快科研成果产业化和市场化，使科研更好地满足社会和市场的需要。

国家还要建立好研发人员的激励机制，使国内的研发人员能够充分发挥其创新的积极性，还要采取措施吸引国外留学的研发人员回国效力，很多出国留学者在学成之后，会选择留在当地生活和工作，这和当地对于研发人员提供的良好的生活和工作环境分不开。

中国应该在这些方面尽可能地向这些国家看齐，真正地去了解这些国家是如何提供良好的研发环境的，真正地去了解不回国工作人员的真实想法，了解他们的需求。

2. 发挥教育对于提高吸收能力的作用

我国科技人力资源总量很大，清华大学技术创新研究中心发布的《国家创新蓝皮书》指出，2011 年中国科技人力资源总量达到 6300 万人，其中，获大学本科及以上学历的有 2740 万人。中国研发人员总量占世界总量的 25.3%，超过美国研发人员总量占世界总量的比例（17%），居世界第一。我国科技人力资源总量虽大，但是人均产出效率较低。2012 年，我国劳均 GDP[①]（以购买力平价计算）为 15868 美元/人，居世界第 57 位，农业、工业、服务业部门的劳均 GDP 分别为 4263.4 美元/人、23344.4 美元/人和 17942.3 美元/人，分别居世界第 55 位、第 55 位和第 56 位。

劳均 GDP 大体上可以用来衡量一个国家的平均生产效率，也可以近似地表示一个国家对技术寻求型对外直接投资的技术溢出的吸收水平，这一吸收水平在国际上排名为 57 位。但是中国在《2013 全球创新指数（Global Innovation Index）报告》中创新指数排名为 35 位。创新排名比吸收能力排名靠前。创新主要是由科研工作人员做出的贡献，而吸收能力是由全体劳动者决定的。中国的基础设施建设在很多地方已趋于饱和，这表明中国劳均 GDP 落后的原因不在于科研的综合能力，不在于基础设施建设方面，只能从劳动力的素质上找原因，最终归结为教育水平和结构对于技术寻求型对外直接投资获取的技术溢出吸收能力拖了后腿。劳动力在生产能力方面的

① 劳均 GDP 指的是单位劳动力创造的 GDP，即总 GDP 除以总的就业人口。

素质是他们在学生期间就奠定基础的。很多在校学生和刚刚毕业的学生解决实际问题能力和创新能力不强。这些能力上的不足是由中国现存的主流教育方式决定的，过多的填鸭式的应试教育束缚了人的思维，学生的综合素质没有得到适当的发展。而解决工作中的原来没有遇到过的问题的能力在很大程度上是综合素质和专业素质共同决定的。

市场经济包括学校的商业化使学生强化个人利益，社会责任感降低。对传统文化的漠视使大家缺少共同的价值观，进一步降低了凝聚力，使很多学生进一步滑向个人本位主义。学生们普遍地更加急功近利，喜欢享乐和获得实际利益，减少了用在学习上的时间。这一方面使学生们实际学到的理论知识减少；另一方面过于追求短期的个人物质利益和享受，会使他们在面对困难的时候往往采取回避态度，而在工作中出现的问题不是回避就能够解决的，这样的追求最终导致的是他们在工作中不能充分发挥自己的潜力。一些职业学院转为综合性大学使综合性人才的培养超过了社会的实际需要。这里面存在一个矛盾，有些办学者既希望获得商业利益，但是又忽略市场需求，这背后的根源在于好大喜功、追求面子和自我定位出现了偏差。在教育方面的改革首先要改变主流教育方式，从小就强化素质教育，先进行放鸭式教育，到了一定时期必须进行填鸭式教育，中西式教育结合才能塑造出高素质的人才。在中等和高等教育阶段，注意为职业教育留出足够的空间。另外，公共教育资源要尽可能地公平覆盖。这就需要教育主管部门从政策上规制、从利益上引导。

（六）其他措施

政府也要利用 WTO 框架主动发起一些双边和多边投资谈判，建设双边和多边更加便利的投资体系。其次还要利用中国参加的一些区域性集团，如 APEC、上合组织、中日韩自贸区、东盟 10 +1 来发展中国的技术寻求型对外直接投资。此外，政府还要促成境外工业园区的设立，发挥集群效应。支持中国企业成立商会，或加入商会以使海外中国企业能够获得更多的事业机会。

二、企业层面的建议

（一）确定合适的技术寻求型对外直接投资的目标地

企业为了提高技术寻求型对外直接投资获得的技术进步效应，应该选择好目标国家和地区。例如，可以参考美国康奈尔大学、欧洲工商管理学院和世界知识产权组织发布的《2013 全球创新指数（Global Innovation Index）报告》将创新指数排名在中国之前的国家和地区作为中国技术寻求型对外直接投资的目标国家和地区，而不仅仅局限于传统的做法，仅将发达国家作为技术寻求型对外直接投资的目标地。塞浦路斯、马来西亚、斯洛文尼亚、拉脱维亚等都是中国企业容易忽略的技术寻求型对外直接投资目标地，如果根据创新指数进行技术寻求型对外直接投资目标地的选择，那么这种问题就会避免了。另外，有一些国家或地区整体上创新能力弱于中国，但是其某些产业很先进，那么中国该产业的企业可以对这个国家或地区进行技术寻求型对外直接投资。还要尽可能将分支机构或子机构设置在产业集群所在地，尤其是高科技创新产业集群所在地。

（二）选择合适的技术寻求型对外直接投资项目的进入方式

要将绿地投资和海外并购等对外直接投资方式统筹考虑，选择合适的进入方式。跨国并购是一种进行技术寻求型对外直接投资较好的方式，跨国并购能够直接获得被并购企业的研发机构、人力资本和销售网络等，不但市场风险小，而且直接获得了技术，是一种值得鼓励的投资方式。对外直接投资企业同当地企业进行合资获得技术溢出的可能要大于独资，要尽可能选择合资。即使是独资企业也尽可能地和当地企业建立联盟，从而在生产经营上获得更多的支持以及获得更多技术溢出的机会。

（三）明确技术寻求型对外直接投资项目运营中的学习对象

企业还要明确自己在市场竞争中所处的地位，对于多数技术寻求者来说，处于市场追随者的地位，要明确自己学习的主要对象，即市场领导者和市场挑战者，将学习技术溢出的时间和精力主要放在这些对象上。企业要善于向竞争者学习，也要善于向上下游企业学习。对于不同的学习对象，要将学习的具体任务进行落实。

（四）建立和完善技术寻求型对外直接投资项目的逆向技术溢出机制

企业还要加大对研发的投入力度，增强企业对获得技术的消化、吸收和改造、再创新的能力。要对获得技术溢出的机制进行具有实质作用的建设，可参考本书第五、六、七章中的机制研究内容来进行。一方面是建立适当的组织机构，另一方面是在相应的组织机构中将获取技术溢出的工作职责落实。也可对现有的组织机构赋予关于技术学习方面的新职责。例如，在对技术领先者进行学习时，要进行直接学习途径的建设，也要进行行为观察猜测获得技术途径的建设，还要加强逆向工程获得技术途径的建设。企业不但要善于从国外获得技术溢出，还要善于将获得的技术高效率地向母国国内转移。母国公司还要将获得的技术再向其他的子公司和分公司转移，对应的各母子、母分公司等之间技术转移的机制也要进行完善。

（五）提高技术寻求型对外直接投资项目技术进步效应的其他措施建议

企业要了解本国对于对外直接投资的鼓励、支持和管理方面的制度和政策，要了解东道国外资企业管理制度和商业惯例，以及东道国对于吸引外资的优惠政策和一些对于外资的限制。除采取直接提高技术寻求型对外直接投资项目技术进步效应的针对性措施外，还要配合以其他方面的制度建设。建立现代企业制度，建立规范化的公司治理结构使企业内权力机构、决策机构、监督机构和执行机构各负其责，形成所有者、管理者、劳动者之间的相互激励和相互制衡的局面。建设学习型组织、制定适当的战略和政策以吸引更多的国际化人才。从投资行业看，中国企业应该增强在现代服务业、高科技行业的投资。中国的海外企业还要在东道国承担更多的社会责任，注意与东道国政府、行业协会和媒体进行更好的交流。

第十章　结　论

本书首先对国内经济状况进行了分析，认为通过出口和投资拉动经济的发展方式已经遇到了难以突破的障碍，不但难以促进经济增长，而且也破坏了未来的增长能力，因为这种增长实质上是一种粗放式增长，是以损害资源环境、人们福利水平提高为代价的。到了今天，随着人们资源环保意识的增强，以及对自己生活水准的更高要求，加之国际市场的变化，低成本的粗放式增长难以为继，在新常态下，必须进行经济增长方式的转型，由粗放型转为集约型，而这种转型必须依靠技术进步。经济全球化条件下，一国技术进步的方式主要有自主研发、国际货物贸易、国际技术贸易、外国直接投资和技术寻求型对外直接投资。

技术寻求型对外直接投资的其他技术进步方式在促进中国技术进步方面存在的一些不足，技术寻求型对外直接投资可以进行弥补。与国际货物贸易、国际技术贸易、外国直接投资方式相比，技术寻求型对外直接投资是一种主动地获得技术的方式，可以直接到目标技术所在地进行直接投资，可以跟踪行业信息为国内自主研发提供方向，可以直接获得技术。日本、韩国、印度尼西亚和印度等国家从技术寻求型对外直接投资中获得了技术进步，其他一些发达国家之间的彼此投资也使投资国获得了技术进步效应。中国的技术寻求型对外直接投资已经取得了一定的发展，但也存在问题，需要对其进行探讨。

综上所述，本书主要得出了以下一些结论：

第一，通过对技术寻求型对外直接投资相关概念的梳理和重新界定，对技术转移、技术传播和技术溢出等概念尝试性地进行了明确。从狭义和广义两个角度解释了与技术寻求型对外直接投资及其逆向技术溢出相关的概念，解决了含义不完全相符的理论问题。

第二，现状分析结果显示，中国技术寻求型对外直接投资已经具有了一定的规模，发展速度也较快，但也存在一些不足。按照投资目的地标准，中国对外直接投资具有技术寻求目的的占比达 70% 以上，按照其他方式判定没有这么高的占比。存在的问题如中国技术寻求型对外直接投资对于高技术的寻求相对于对适用技术的寻求较少。

第三，通过构建博弈等数理模型，获得了以下三点结论：首先，技术寻求型对外直接投资能够提高一国创新能力的研究结论；其次，在贸易全球化的条件下，如果后进国家不进行技术寻求型对外直接投资，则本国的创新能力会比在封闭市场条件下更弱，必须进行技术寻求型对外直接投资；最后，东道国技术领先企业能够把其一些先进技术进行外溢，这样技术寻求型对外直接投资厂商便能够获得技术溢出和促进国内技术进步。技术供给者不但进行技术外溢，而且会持续地进行技术外溢；技术学习者通过技术寻求型对外直接投资在某些情况下，能够比在国内进行相同规模的直接投资取得更多的技术进步效应，会带来更多的利益。在此前提下，本书进一步提出了技术溢出乘数的概念，证明了政府在考虑技术溢出乘数作用的情况下，会对技术寻求型对外直接投资进行支持，使原本不会发生的技术寻求型对外直接投资发生，并在一定程度上促进技术进步和国家整体福利的提高。

第四，还对技术寻求型对外直接投资获得技术进步的机制进行了探讨，并提出了一些新的机制，构造了一个技术寻求型对外直接投资国外技术获取阶段的机制系统，在国内技术传播阶段有着和国外技术获取阶段相同的技术国内溢出机制系统。结论显示：技术寻求型对外直接投资国外技术获取阶段的机制系统分为企业层次、产业层次和国家层次第一级子机制，企业层次机制下的二级子机制包括：内部技术转移机制、外围研发剥离机制、并购研发资源获得机制、合资与联盟的资源整合机制、人力资本价值激励增值机制、海外人力资源利用机制、收益反馈机制、时区差导致研发任务接力机制。产业层次机制包括竞争效应机制、从上下游企业获得技术溢出机制、中间产品和技术购买便利和成本节约机制、最终消费者作用机制。国家层次机制涵盖东道国宏观环境作用机制、东道国政府支持政策作用机制、投资母国政府支持政策作用机制、政府直接促成产学研合作机制、产业间作用机制、产业集群利用机制、文化碰撞激发机制。其中，人力资本价值激励增值机制、时区差导致研发任务接力机制、中间产品及技术购买便利和成本节约机制、行为观察猜测机制、政府直接促成产学研合作机制、文化碰撞激发机制是本书提出的新概念。

第五，从实证分析的视角考察了中国技术寻求型对外直接投资逆向技术溢出的技术进步效应和影响因素。结果表明，中国各省对外直接投资存量对以国内专利授权量为表征的技术水平的进步起促进作用，影响的弹性系数约为0.1149，但是各省的截距项不同，此外研发资源和教育状况是中国技术寻求型对外直接投资技术进步效应的国内影响因素，研发起正面作用，教育起负面作用，而模型建立时选取的另一可能影响因素市场化经过实证被排除掉。

第六，从政府和企业两个层面提出了建议。政府层面的建议主要有：各级政府在指导思想上要加强对技术寻求型对外直接投资以更多的重视、做好信息收集和服务工作、简化技术寻求型对外直接投资的审批手续、加强对技术寻求型对外直接投资资金上的支持、提高对通过技术寻求型对外直接投资所获得技术的吸收能力等。企业层面的建议包括正确选择技术寻求型对外直接投资的目标地、确定合适的技术寻求型对外直接投资项目的建立方式、明确技术寻求型对外直接投资项目运营中的学习对象、建立和完善技术寻求型对外直接投资项目的逆向技术溢出机制等。

通过本书的写作，产生了对某些问题进一步深入研究的如下几点想法：在技术寻求型对外直接投资的历程和现状方面可以进行更加全面和深入的研究。例如，在模型构建上，将东道国市场分为完全竞争市场、垄断竞争市场和寡头市场，分别研究技术供给者在这些不同类型市场上的行为；影响因素方面，随着时间的推移可以有更完备的资料，以后可以运用面板数据进行研究。对此问题的另外一个研究思路是，继续采用时间序列数据，根据教师人员结构和层次结构深入分析教育对技术进步起反面作用的原因。对于市场化不起作用的原因也可以进行更深入的探讨；变量选取方面，可以将技术寻求型对外直接投资目的地的人力资本、物质资本和无形资本分别作为独立的变量纳入模型来解释中国技术寻求型对外直接投资的技术进步效应，以此来进一步完善模型结构，推动本领域研究的进展。

参考文献

[1] Agbola W S L F W. Regional Analysis of the Impact of Inward Foreign Direct Investment on Economic Growth in the Chinese Electronic Industry [J]. General Information, 2014, 46 (22): 2576 -2592.

[2] Aitken, Brian J. and Ann E. Harrison. Do Domestic Firms Benefit from Direct Foreign Investment? Evidence from Venezue la [J]. American Economic Review, 1999, 89 (3): 605 -618.

[3] AlAzzawi S. Multinational Corporations and Knowledge Flows: Evidence from Patent Citations [J]. Economic Development and Cultural Change, 2011, 59 (3): 649 -680.

[4] Amighini A. China in the International Fragmentation of Production: Evidence from the ICT Industry [J]. KITeS Working Papers, 2004 (2): 203 -219.

[5] Ang J B, Madsen J B. International R&D Spillovers and Productivity Trends in the Asian Miracle Economies [J]. General Information, 2013, 51 (2): 1523 -1541.

[6] Belitz H, Edler J, Grenzmann C. Internationalisation of Industrial R&D [J]. National Systems of Innovation in Comparison, 2006: 47 - 66.

[7] Belitz H, Mölders F. International Knowledge Spillovers through High - Tech Imports and R&D of Foreign - Owned Firms [J]. Florian Mölders, 2013.

[8] Bhaumik S K, Co C Y. China's Economic Cooperation Related Investment: An Investigation of Its Direction and Some Implications for Outward Investment [J]. General Information, 2011 (1): 75 - 87.

[9] Bhaumik S K, Driffield N. Direction of Outward FDI of EMNEs: Evidence from the Indian Pharmaceutical Sector [J]. Thunderbird International Business Review, 2011, 53 (5): 615 - 628.

[10] Bitzer J, Görg H. Foreign Direct Investment, Competition and Industry Performance [J]. The World Economy, 2009, 32 (2): 221 - 233.

[11] Bitzer J, Kerekes M. Does Foreign Direct Investment Transfer Technology across Borders? New Evidence [J]. Economics Letters, 2008, 100 (3): 355 - 358.

[12] Bjorvatn K, Eckel C. Technology Sourcing and Strategic Foreign direct Investment [J]. General Information, 2006, 14 (4): 600 - 614.

[13] Blomstrm M, Kokko A. Multinational Corporations and Spillovers [J]. Journal of Economic Surveys, 1998, 12 (3): 39 - 42.

[14] Braconier H, Sjöholm F. National and International Spillovers

from R&D: Comparing a Neoclassical and an Endogenous Growth Approach [J] . Fredrik Sjöholm, 1997, 134 (4): 638 -663.

[15] Brinard S. An Empirical Assessment of the Proximity - concentration Trade - off between Multinational Sales and Trade [J]. American Economics Review, 1997 (87): 520 -544.

[16] Buck T, Liu X, Wei Y, et al. The Trade Development Path and Export Spillovers in China: A Missing Link? [J] . Management International Review (MIR), 2007, 47 (5): 683 -706.

[17] Caves R E. Multinational Firms, Competition, and Productivity in Host - Country Markets [J] . Economica, 1974: 176 -193.

[18] Coe D T, E Helpman. International R&D Spillovers [J] . European Economic Review, 1995, 39 (5) : 859 -887.

[19] Cohen, Wesley M. and Daniel A. Levinthal, Innovation and Learning : The Two Faces of R&D [J] . Economic Journal, 1989, 99 (397) : 569 -596.

[20] Cohen W M, Levinthal D A. Absorptive Capacity: A New Perspective on Learning and Innovation [J] . Administrative Science Quarterly, 1990, 35 (1): 128 -152.

[21] Cohen W M, Levin R C. Empirical Studies of Innovation and Market Structure [J] . The IDEAS Help Page, 1989.

[22] Dechezleprêtre A, Glachant M, Ménière Y. What Drives the International Transfer of Climate Change Mitigation Technologies? Empirical Evidence from Patent Data [J] . Environmental and Resource Economics, 2013, 54 (2): 161 -178.

[23] Deng P. Investing for Strategic Resources and Its Rationale: The Case of Outward FDI from Chinese Companies [J] . Business Horizons, 2007 (50): 71 - 81.

[24] Dohse D C, Hassink R, Klaerding C. Emerging Multinationals, International Knowledge Flows and Economic Geography: A Research Agenda [J] . Dirk Christian Dohse, 2012.

[25] Driffield N. , Love J. H. Foreign Direct Investment: Technology Sourcing and Reverse Spillovers [J] . The Manchester School, 2003, 71 (6): 659 - 672.

[26] Edmond C. Some Panel Cointegration Models of International R&D Spillovers [J] . Journal of Macroeconomics, 2001, 23 (2): 241 - 260.

[27] Engelbrecht H. International R&D Spillovers amongst OECD Economies [J] . Applied Economics Letters, 2006, 4 (5): 315 - 319.

[28] Falvey R, Foster N, Greenaway D. Intellectual Property Rights and Economic Growth [J] . Social Science Electronic Publishing, 2006, 10 (4): 700 - 719.

[29] Fan J P H, Gillan S L, Yu X. Property Rights, R&D Spillovers, and Corporate Accounting Transparency in China [J] . Emerging Markets Review, 2013: 34 - 56.

[30] Felton N. Foreign Direct Investment, Technology Sourcing and Reverse Spillovers [J] . The Manchester School, 2003, 71 (6): 659 - 672.

[31] Chen C H, Yang C H. The Effects of Knowledge Capital on

Enhancing Firms' Productivity in Taiwan : Does R&D or Technology Import Matter? [J] . Hitotsubashi Journal of Economics, 2006 (2): 137 - 153.

[32] Fosfuri A, Motta M and Ronde T. Foreign Direct Investments and Spillovers through Workers' Mobility [J] . General Information, 1998 (53): 205 - 222.

[33] Franco C, Rentocchini F, Marzetti G V. Why Do Firms Invest abroad? An Analysis of the Motives Underlying Foreign Direct Investments [J] . General Information, 2008.

[34] Franco C. Exports and FDI Motivations: Empirical Evidence from US Foreign Subsidiaries [J] . International Business Review, 2010, 22 (1): 47 - 62.

[35] Funk M. Trade and International R&D Spillovers among OECD Countries [J] . Southern Economic Journal, 2001 (1): 725 - 736.

[36] Globerman S, Shapiro D. Outward FDI and the Economic Performance of Emerging Markets [J] . Rise of Transnational Corporations from Emerging Markets: Threat or Opportunity, 2008, 13 (41): 229 - 271.

[37] Graham E M. Transatlantic Investment by Multinational Firms: A Rivalistic Phenomenon? [J] . Journal of Post - Keynesian Economics, 1978, 1 (1): 82 - 99.

[38] Hall B H, Herzer D. The Long - run Relationship between Outward Foreign Direct Investment and Total Factor Productivity: Evidence for Developing Countries [J] . General Information, 2011, 47 (5): 767 - 785.

[39] Havrǘnek T, Iršovǘ Z. Meta – Analysis of Intra – Industry FDI Spillovers: Updated Evidence [J] . General Information, 2010, 60 (2): 151 – 174.

[40] Herzer D. The Long – run Relationship between Outward Foreign Direct Investment and Total Factor Productivity: Evidence for Developing Countries [J] . The Journal of Development Studies, 2011, 47 (5): 767 – 785.

[41] Hoffmaister A W, Coe D T and Helpman E. International R&D Spillovers and Institutions [J] . Elhanan Helpman, 2008 (7): 1 – 35.

[42] Huang S. Capital Outflow and R&D Investment in the Parent firm [J] . Research Policy, 2013: 245 – 260.

[43] Hymer H S. The International Operations of National Firms: A Study of Direct Foreign Investment [M] . Cambridge: MIT Press, 1976: 260 – 264.

[44] J Buckley, Casson. The Future of Multinational Enterprises [M] . London: Macmillan, 1976.

[45] J H Dunning. Trade, Location of Economic Activities, and the MNE: A Search for an Electric Approach [M] . London: Macmillan, 1977.

[46] Jefferson G H, Jinchang Q, Hu A G Z. R&D and Technology Transfer: Firm – Level Evidence from Chinese Industry [J] . The Review of Economics and Statistics, 2003 (4): 780 – 786.

[47] Keller W. Tradeand the Transmission of Technology [J]. Journal of Economic Growth, 2002 (7): 5 – 24.

[48] Keller W. Are International R&D Spillovers Trade – Related?

Analyzing Spillovers among Randomly Matched Trade Partners [J]. General Information, 1998 (42): 1469 - 1481.

[49] Kim J, Rang I. Outward FDI and Exports: The Case of South Korea and Japan [J] . Journal of Asian Economics, 1997, 8 (97): 39 - 50.

[50] Kogut B, Chang S J. Technological Capabilities and Japanese Foreign Direct Investment in the United States [J] . Review of Economics and Statistics, 1991, 73 (3): 401 - 413.

[51] Krammer S. International Rd Spillovers in Emerging Markets: The Impact of Trade and Foreign Direct Investment [J] . Journal of International Trade & Economic Development, 2010, 19 (4): 591 - 623.

[52] Lall S. The New Multinational: The Spread of Third World Enterprises [M] . London: Chi Chester, Wiley, 1983.

[53] Lecraw D J. Outward Direct Investment by Indonesian Firms: Motivation and Effects [J] . Journal of International Business Studies, 1993, 24 (3): 589 - 600.

[54] Lecraw. Outward Direct Investment from Indonesia and Level of Management [J] . The Asian Development Outlook, 1995 (12) : 213 - 221.

[55] León - Ledesma M A. Exports, Product Differentiation and Knowledge Spillovers [J] . Miguel Leon - Ledesma, 2002, 16 (4): 363 - 379.

[56] Lichtenberg F, B Van Pottelsberghe de la Potterie. International R&D Spillovers: A Comment [J] . European Economic Review,

1998 (42) .

[57] Lin C, Yang C L C. Does Foreign Direct Investment Really Enhance China's Regional Productivity? [J] . The Journal of International Trade & Economic Development: An International and Comparative Review, 2011, 20 (6): 741 -768.

[58] Lipsey R E, Weiss M Y. Foreign Production and Exports in Manufacturing Industries [J] . The Review of Economics and Statistics, 1981, 63 (4): 488 -494.

[59] Liu X, Wang C. Does Foreign Direct Investment Facilitate Technological Progress?: Evidence from Chinese Industries [J] . Research Policy, 2003, 32 (6): 945 -953.

[60] Liu X, Wright M, Filatotchev I, et al. Human Mobility and International Knowledge Spillovers: Evidence from High - Tech Small and Medium Enterprises in an Emerging Market [J] . Strategic Entrepreneurship Journal, 2010, 4 (4): 340 -355.

[61] Macdougall A. The Benefits and Costs of Private Investment from aboard: A Theoretical Approach [J] . Economic Record, 1960 (36): 13 -35.

[62] Makino S, Yeh R. Asset - Exploitation Versus Asset - Seeking: Implications for Location Choice of Foreign Direct Investment from Newly Industrialized Economies [J] . Journal of International Business Studies, 2002, 33 (3): 403 -421.

[63] Marin A, Sasidharan S. The Heterogeneity of MNC' Subsidiaries and Technology Spillovers: Explaining Positive and Negative Effects in

Emerging Economies [R] . UNU – MERIT Working Paper Series, 2008.

[64] Mayanja A. Is FDI the Most Important Source of International Technology Transfer? Panel Data Evidence from the UK [J] . General Information, 2003.

[65] Nagaoka S. Does Strong Patent Protection Facilitate International Technology Transfer? Some Evidence from Licensing Contracts of Japanese Firms [J] . The Journal of Technology Transfer, 2009, 34 (2): 128 – 144.

[66] Nakamura T. International Knowledge Spillovers and Technology Imports: Evidence from Japanese Chemical and Electric Equipment Industries [J] . General Information, 2001, 15 (3): 271 – 297.

[67] Narayanan K, Bhat S. Technology Sourcing and Outward FDI: A Study of IT Industry in India [J]. Technovation, 2011, 31 (4): 177 – 184.

[68] Nigel Driffield, Love J H. Foreign Direct Investment, Technology Sourcing and Reverse Spillovers [J] . The Manchester School, 2003, 71 (6) : 659 – 672.

[69] Paul Krugman, Maurice Obstfeld. International Economics – theory and Policy [M] . Beijing: Qinghua University Press, 2011.

[70] Perkins R, Neumayer E. Do Recipient Country Characteristics Affect International Spillovers of CO_2 – efficiency Via Trade and Foreign Direct Investment? [J] . Climatic Change, 2012, 112 (2): 469 – 491.

[71] Petit M L, Sanna – Randaccio F, Sestini R. Asymmetric Knowledge Flows and Localization with Endogenous R&D: A Dynamic

Analysis [J] . Economic Modelling, 2009, 26 (2): 536 –547.

[72] Pietrobelli C, Rabellotti R, Sanfilippo M. What Drives Chinese Multinationals to Italy? [J] . Advances in Spatial Science, 2013.

[73] Potterie B P, Lichtenberg F. Does Foreign Direct Investment Transfer Technology across Borders [J] . The Review of Economics and Statistics, 2001, 83 (3): 490 –497.

[74] Pradhan J P. Quality of Foreign Direct Investment, Knowledge Spillovers and Host Country Productivity: A Framework of Analysis [J]. Social Science Electronic Publishing, 2009.

[75] Pradhan J P. Strengthening Intellectual Property Rights Globally: Impact on India's Pharmaceutical Exports [J] . Jaya Prakash Pradhan, 2011.

[76] Robert Feenstra. Advanced International Trade: Theory and Evidence [R] . University of California, Davis and National Bureau of Economics Research, 2002.

[77] Rosell – Martinez J, Sanchez – Sellero P. Foreign Direct Investment and Technical Progress in Spanish Manufacturing [J] . Applied Economics, 2012, 44 (19): 2473 –2489.

[78] S Hymer. The International Operations of National Firms: A Study of Direct Investment [M] . Cambrige: MIT Press, 1976.

[79] Sazali A W, Haslinda A, Jegak U, et al. Effects of Critical Knowledge Characteristics on Degree of Inter – Firm Technology Transfer [J] . Journal of Social Sciences, 2009 (4): 452 –459.

[80] Simona G, Axèle G. Knowledge Transfer from TNCs and Up-

grading of Domestic Firms: The Polish Automotive Sector [J] . World Development, 2012, 40 (4): 796 – 807.

[81] Siotis G. Foreign Direct Investment Strategies and Firms' Capabilities [J] . Journal of Economics and Management Strategy, 1999, 8 (2): 251 – 270.

[82] Sun Y, Du D. Determinants of Industrial Innovation in China: Evidence from Its Recent Economic Census [J] . Technovation, 2010 (30): 540 – 550.

[83] Svensson R. Knowledge Transfer to Emerging Markets via Consulting Projects [J] . Social Science Electronic Publishing, 2004, 32 (5): 545 – 559.

[84] Tiwari R, Herstatt C. Profile of India's Automobile Industry [J] . Aiming Big with Small Cars, 2014.

[85] Tondl G, Vuksic G. What Makes Regions in Eastern Europe Catching up? The Role of Foreign Investment, Human Resources and Geography [R] . ZEI Working Papers, 2003.

[86] UNCTAD. World Investment Report: Transnational Corporationsand the Internationalization of R&D [R] . United Nations, New Yorkand Geneva, 2005.

[87] Vernon R. International Investment and International Trade in the Product Cycle [J] . The Quarterly Journal of Economics, 1966, 80 (2): 190 – 207.

[88] Wahab S A, Abdullah H, Uli J, et al. Inter – Firm Technology Transfer and Performance in International Joint Venture Firms [J].

International Journal of Business & Management, 2011.

[89] Wahab S A, Rose R C, Osman S I W. Examining the Moderating Effects of MNCs' Country of Origin in the Relationship between Degree of Inter – Firm Technology Transfer and Local Firms' Performance [J]. Asian Social Science, 2011.

[90] Wang Y. FDI and Productivity Growth: The Role of Inter – industry Linkages [J]. Social Science Electronic Publishing, 2010, 43 (4): 1243 – 1272.

[91] Wei Y, Liu X. Productivity Spillovers from R&D, Exports and FDI in China's Manufacturing Sector [J]. General Information, 2006, 37 (4): 544 – 557.

[92] Wells L T. Third World Multinational: The Rise of Foreign Investment from Developing Countries [M]. Cambridge: MIT, 1983.

[93] Wesson T. A Model of Asset – seeking Foreign Direct Investment Driven by Demand Conditions [J]. Canadian Journal of Administrative Sciences, 1999, 16 (1): 1 – 10.

[94] Wooster R B, Diebel D S. Productivity Spillovers from Foreign Direct Investment in Developing Countries: A Meta – Regression Analysis [J]. General Information, 2010, 14 (3): 640 – 655.

[95] Yao S, Chen D S J. China's Outward FDI and Resource – Seeking Strategy—A Case Study on Chinalco and Rio Tinto [J]. Journal of Xi'an Jiaotong University (Social Sciences), 2010: 313 – 325.

[96] Zhao W, Liu L, Zhao T. The Contribution of Outward Direct Investment to Productivity Changes within China, 1991 – 2007 [J].

Journal of International Management, 2010, 16 (2): 121 –130.

[97] Zhu L, Jeon B N. International R&D Spillovers: Trade, FDI, and Information Technology as Spillover Channels [J]. Review of International Economics, 2007, 15 (5): 955 –976.

[98] 白洁. 对外直接投资的逆向技术溢出效应 [J]. 世界经济研究, 2009 (8).

[99] 白洁. 我国对外直接投资的技术进步效应研究 [D]. 武汉: 华中科技大学博士学位论文, 2009.

[100] 蔡伟毅. 全球化条件下的知识溢出与技术进步研究 [A] //国务院学位委员会办公室、教育部学位管理与研究生教育局: 2009 年全国博士生学术会议论文集 [C]. 国务院学位委员会办公室、教育部学位管理与研究生教育局: 厦门大学宏观经济研究中心, 2019: 17.

[101] 陈菲琼, 虞旭丹. 企业对外直接投资对自主创新的反馈机制研究: 以万向集团 OFDI 为例 [J]. 财贸经济, 2009 (3).

[102] 陈丽丽. 我国技术寻求型对外直接投资与逆向技术溢出效应分析 [D]. 成都: 西南财经大学硕士学位论文, 2011.

[103] 陈强, 刘海峰, 李建昌, 余文璨. 中国技术寻求型对外直接投资现状、问题和政策建议 [J]. 中国软科学, 2013 (11): 18 –25.

[104] 陈岩. 中国对外投资逆向技术溢出效应实证研究: 基于吸收能力的分析视角 [J]. 中国软科学, 2011 (10): 61 –72.

[105] 崔昊. 对外直接投资、逆向技术溢出与母国技术进步 [D]. 天津: 南开大学博士学位论文, 2012.

[106] 董有德，孟醒．OFDI、逆向技术溢出与国内企业创新能力——基于我国分价值链数据的检验［J］．国际贸易问题，2014（9）：120－129.

[107] 杜群阳．R&D 全球化、反向外溢与技术获取型 FDI［J］．国际贸易问题，2006（12）：88－91.

[108] 樊纲．警惕中国产业空心化［N］．市场报，2003－01－08.

[109] 范飞龙．论我国对外直接投资的产业选择［J］．国际贸易问题，2002（11）．

[110] 范欢欢，王相宁．我国对外直接投资对国内产业结构的影响［J］．科技管理研究，2006（11）．

[111] 冯跃．逆向 FDI 促进母国技术进步的传导机制和制约因素分析［J］．现代管理科学，2008（6）．

[112] 冯志坚，谭忠真．对外直接投资与母国产业升级的理论分析［J］．沈阳教育学院学报，2008（2）．

[113] 高润喜，揭筱纹．战略联盟策略与企业共生理论的比较研究［J］．探索，2013（1）．

[114] 郭飞，李冉．中国对外直接投资的逆向技术溢出效应——基于分行业面板数据的实证研究［J］．海派经济学，2012（3）：59－67.

[115] 郭娟．中国技术寻求型对外直接投资与反向技术溢出效应研究［D］．长沙：湖南大学博士学位论文，2013.

[116] 何一鸣，张洪燕．中国对外直接投资与逆向技术溢出关系的实证研究［J］．中国海洋大学学报，2011（1）．

[117] 胡小娟．中国企业对外直接投资区位技术逆向溢出效应

的实证研究［J］．求索，2015（1）：74－78.

［118］胡昱，马秀贞．竞争力评价［M］．北京：中国标准出版社，2008.

［119］胡宗彪，王剑伟，刘军．外向 FDI 的逆向技术溢出机制及其影响因素［J］．企业经济，2011（11）．

［120］黄颖．发达与发展中国家跨国公司技术获取型投资的特征比较［J］．科技管理研究，2013（22）：14－18.

［121］黄卓敏．持续追赶模型与技术寻求型对外直接投资［D］．武汉：华中科技大学硕士学位论文，2007.

［122］江东．对外直接投资与母国产业升级：机理分析与实证研究［D］．杭州：浙江大学博士学位论文，2010.

［123］靖学青．产业结构高级化与经济增长——对长三角地区的实证分析［J］．南通大学学报，2005（3）．

［124］阚大学．对外直接投资的反向技术溢出效应［J］．商业经济与管理，2010（1）：53－58.

［125］郎丽华，周明生．结构性改革与宏观经济稳定——中国经济增长与周期（2012）国际高峰论坛综述［J］．经济研究，2012（10）：152－160.

［126］郎咸平．产业链阴谋Ⅰ：一场没有硝烟的战争［M］．北京：东方出版社，2008.

［127］雷家骕，秦颖．中国的自主创新：理论与案例［M］．北京：清华大学出版社，2013.

［128］李翀．发展中国家局部竞争优势型对外直接投资——论发展中国家对外直接投资的动因［J］．学术研究，2007（4）：18－24.

[129] 李梅．人力资本、研发投入与对外直接投资的逆向技术溢出［J］．世界经济研究，2010（10）：69－75.

[130] 李梅，金照林．国际 R&D、吸收能力与对外直接投资逆向技术溢出——基于我国省际面板数据的实证研究［J］．国际贸易问题，2011（10）：124－136.

[131] 李述晟．制度视角下的中国对外直接投资促进机制研究［D］．北京：首都经济贸易大学博士学位论文，2013.

[132] 李松林．从自然资产到创造性资产［J］．科技进步与对策，2005（3）．

[133] 李晓峰，陈凤林．中国对外直接投资与国内产业结构升级关系的实证研究——基于 VAR 模型与脉冲响应的分析［J］．浙江工商职业技术学院学报，2012（3）．

[134] 李有．我国逆向获取技术溢出的主要渠道：出口贸易抑或外向对外直接投资［J］．当代财经，2013（12）：99－108.

[135] 刘宏，秦蕾．中国 OFDI 逆向技术溢出效应对国内技术进步影响的实证研究［J］．中国科技论坛，2013（5）．

[136] 刘宏，赵晓敏．中国对外直接投资现状与问题研究［J］．国际贸易，2012（11）．

[137] 刘明霞，王学军．中国对外直接投资的逆向技术溢出效应研究［J］．世界经济研究，2009（9）：57－62.

[138] 刘英骥．政治经济学与当代资本主义经济研究［M］．北京：经济日报出版社，2008.

[139] 吕宁．委托—代理问题中的逆向监督与激励问题初探［J］．中外企业家，2010（5）．

[140] 马亚明，张岩贵．技术优势与对外直接投资：一个关于技术扩散的分析框架［J］．南开经济研究，2003（4）．

[141] 孟凡臣，苗慧．跨国并购与我国企业技术进步的相关性分析［J］．北京理工大学学报（社会科学版），2010（2）：10－15.

[142] 欧阳艳艳，喻美辞．中国对外直接投资逆向技术溢出的行业差异分析［J］．经济问题探索，2011（4）：101－107.

[143] 欧阳艳艳．中国对外直接投资逆向技术溢出的境外地区分布差异性研究［J］．华南农业大学学报（社会科学版），2012（1）．

[144] 潘素昆，郑乔云．技术获取型对外直接投资进入模式选择研究［J］．北方工业大学学报，2013（4）：7－11.

[145] 祁春凌，黄晓玲，樊瑛．技术寻求、对华技术出口限制与我国的对外直接投资动机［J］．国际贸易问题，2013（4）：115－122.

[146] 饶华．技术动因、制度调节与中国对外直接投资——基于引力模型的实证分析［J］．云南财经大学学报，2015（1）：66－73.

[147] 茹玉骢．技术寻求型对外直接投资及其对母国经济的影响［J］．经济评论，2004（2）．

[148] 茹运青，孙本芝．我国 OFDI 不同进入方式的逆向技术溢出分析——基于技术创新投入产出视角的实证检验［J］．科技进步与对策，2012（10）：16－20.

[149] 沙文兵．对外直接投资、逆向技术溢出与国内创新能力——基于中国省际面板数据的实证研究［J］．世界经济研究，2012（3）．

[150] 申俊喜．工业化中后期技术寻求型对外直接投资的理论分析［J］．上海经济研究，2008（7）：20－25.

［151］申朴，刘康兵. FDI 流入、市场化进程与中国企业技术创新——基于 system GMM 估计的实证研究［J］. 亚太经济，2012（3）.

［152］孙本芝，赵世伟. 跨国公司技术溢出效应分析及我国的对策［J］. 经济问题探索，2004（1）：62 – 65.

［153］孙建中. 技术获取型对外直接投资的选择［J］. 生产力研究，2004（8）：9 – 11.

［154］汪琦. 对外直接投资对投资国的产业结构调整效应及其传导机制［J］. 国际贸易问题，2004（5）.

［155］王文举. 博弈论应用与经济学发展［M］. 北京：首都经贸大学出版社，2003.

［156］王英，刘思峰. 中国 ODI 反向技术外溢效应的实证分析［J］. 科学学研究，2008，26（2）.

［157］王英，刘思峰. 国际技术外溢渠道的实证研究［J］. 数量经济技术经济研究，2008（4）：153 – 161.

［158］王宗赐，韩伯棠，钟之阳. 技术寻求型 FDI 及其反向溢出效应研究［J］. 科学学与科学技术管理，2011（2）：5 – 13.

［159］吴林海. 跨国公司在苏锡常科技园区的技术创新行为特征［J］. 江苏科技信息，2002（11）.

［160］吴建军. 我国对外直接投资的技术进步效应研究［D］. 长沙：湖南大学博士学位论文，2011.

［161］吴金明，彭礼红，刘军，王义高. 自主创新：21 世纪中国企业的战略选择［M］. 北京：中国经济出版社，2011.

［162］冼国明，杨锐. 技术积累、竞争策略与发展中国家对外直接投资［J］. 经济研究，1998（11）：56 – 63.

［163］薛云建，周开拓，谢钰敏．中国企业技术寻求型对外直接投资的发展路径研究［J］．企业研究，2013（9）：57－59.

［164］尹华，朱绿乐．企业技术寻求型FDI实现机理分析与中国企业的实践［J］．湖南医科大学学报（社会科学版），2008，14（3）：307－311.

［165］虞瑾，韩晓艳．我国民营企业技术获取型对外直接投资研究［J］．浙江金融，2007（2）：58－59.

［166］遇芳．中国企业技术寻求型对外直接投资研究［J］．商业研究，2011（12）：40－44.

［167］曾剑云，刘海云，符平安．交换威胁、技术寻求与无技术优势企业对外直接投资［J］．世界经济研究，2008（2）．

［168］张春萍．中国对外直接投资的产业升级效应研究［J］．当代经济研究，2013（3）．

［169］张宏，赵佳颖．对外直接投资逆向技术溢出效应研究评述［J］．经济学动态，2008（2）．

［170］张军，章元．对中国资本存量K的再估计［J］．经济研究，2003（7）．

［171］张连城．中国经济增长路径与经济周期研究［M］．北京：中国经济出版社，2012.

［172］张维迎．博弈论与信息经济学［M］．上海：上海三联书店、上海人民出版社，1996.

［173］张玉臣．技术转移机理研究：困惑中的寻解之路［M］．北京：中国经济出版社，2009.

［174］赵涤非，郭鸿琼，陈宴真．我国FDI技术溢出与人力资

本互动机制的实证研究［J］．亚太经济，2012（2）．

［175］赵伟，古广东，何元庆．外向 FDI 与中国技术进步：机理分析与尝试性实证［J］．管理世界，2006（7）．

［176］朱钟棣，刘凯敏．技术进步是推动我国对外直接投资的重要原因［A］．上海市经济学会学术年刊（2007），2008.

［177］翟伟峰．技术溢出条件下对外直接投资与技术授权研究［D］．天津：南开大学博士学位论文，2012.

［178］张宏．人力资本对我国对外直接投资逆向技术溢出效应的影响——基于省际面板数据的非线性门槛回归技术［J］．亚太经济，2012（4）：115－120.

［179］张雪倩．跨国公司在中国的技术溢出效应分析：以汽车工业为例［J］．世界经济研究，2003（4）：26－30.

［180］郑永杰．国际贸易的技术溢出促进资源型地区技术进步的机理研究［D］．哈尔滨：哈尔滨工业大学博士学位论文，2013.

［181］中国世界经济学会．现代国际经济学理论发展综述［M］．北京：中国人民大学出版社，2006.

［182］周春应．对外直接投资对中国技术创新溢出效应研究［A］//武汉大学，美国 James Madison 大学，美国科研出版社．Proceedings of International Conference on Engineering and Business Management（EBM2010）［C］．2010：4.

［183］朱闵铭，王继康．关于对外直接投资及其技术转移效应的探讨［J］．国际经济合作，2001（6）：8－11.

［184］邹玉娟，陈漓高．我国对外直接投资与技术提升的实证研究［J］．世界经济研究，2008（5）．

后 记

感觉时间过得很快，2012 年 9 月 1 日就像昨天。感觉时间过得很慢，博士期间的专业知识和其他知识的增长，又不是普通三年能够填充的，感谢首都经济贸易大学。

感谢我的导师刘宏老师。刘宏老师随和、平易近人，知识广博，思考睿智深刻，治学态度严谨，教学循循善诱、引人入胜。刘老师是我一生各个方面学习的榜样。在毕业论文写作过程中，从选题到论文框架的设计，再到众多具体问题的删减和修改，无不凝聚着刘老师的心血和智慧。

刘老师除了指导我进行理论学习外，还为我创造了很多机会参与一些课题的研究工作，并对我在参与课题中的学习和研究进行悉心指导，使我能够对一些实际问题进行思考，把理论和实际相结合，提高了自己的理论能力、写作能力以及解决实际问题的能力。刘老师为我参与教学实践也提供了很多机会。

感谢郎丽华老师和张连城老师。他们是我除刘老师之外接触最多的老师，我从他们身上学到的不仅仅是专业知识，他们成功的为人、治学、教学态度和成果令我钦佩，他们也是我学习的标杆。

感谢在我论文开题中和预答辩过程中，为我提出宝贵指导意见的老师。除了刘宏老师、郎丽华老师和张连城老师外，还有朱钟棣老师、田新民老师、刘霞辉老师、沈越老师、王军老师、王少国老师、李靖老师、周明生老师。感谢外审老师对我论文提出的宝贵意见。感谢论文答辩过程中为我悉心指导的老师们，除了郎丽华老师、张连城老师、周明生老师外，还有杨春学老师、刘霞辉老师。

感谢每一位授课老师，感谢他们的辛勤汗水和提供的知识营养。

感谢研究生部和经济学院的每一位老师，他们的敬业创造了一个好的学习环境。

感谢所有其他相关部门的老师。

感谢我的同门师兄师姐和师弟师妹们以及其他国贸专业一起学习的同学们。和他们的交流，促进了自己的思考，开拓了思路，学习到了知识。

感谢我同级的博士生同学李杰，和他进行不同专业的交流，拓展了自己的视野，学到了其他方面的一些知识和技能。也要感谢其他一些同级同学。

感谢帮助过、支持过我的人，在此就不一一提及他们的名字了。

最后要感谢的是我的家人，感谢他们这么多年来对我的关怀和支持。